이성예찬

In Praise of Reason
by Michael P. Lynch

Copyright ⓒ 2012 by Michael P. Lynch
All rights reserved.
This Korean edition was published by Jinsung Books in 2013 by arrangement with
Michael P. Lynch c/o Sterling Lord Literistic, Inc.,
NewYork through KCC(Korea Copyright Center Inc.), Seoul.

이 책은 (주)한국저작권센터(KCC)를 통한 저작권자와의 독점 계약으로
진성북스에서 출간되었습니다. 저작권법에 의해 한국 내에서 보호받는 저작물이므로
무단 전재와 복제를 금합니다.

In Praise of Reason

마이클 린치 교수의 명강의
이성예찬
理 性 禮 讚

마이클 린치 지음
최훈 옮김

진성북스

한국어판 서문

이성에 찬사를 보내기도 하지만 동시에 냉소도 보내는 시기다. 이성의 씨앗이 뿌려져서 우리 주위에 온갖 기술로 꽃을 피우고 있다. 스마트폰, 일터로 데려다주는 지하철, 아프면 먹는 약이 그런 기술이다. 그러나 다른 한편에서는 기술이 번성하면서 그런 기술들을 산출해내는 이성의 방법에 대한 냉소도 번성하고 있다. 내가 말하는 냉소주의는, 이를테면 인터넷이 우리를 소통하게도 하지만 소외시키기도 하지 않느냐는 우려처럼, 많은 사람들이 디지털 시대의 기술적 성과에 대해 제기하는 건강한 회의론은 아니다. 내가 관심을 갖고 있는 회의론은 이성 그 자체에 대한 회의론이다.

이성에 대한 회의론이 생기게 된 근원은 여러 가지가 있다. 그렇지만 선진사회에서는 그중 두 가지를 주목할 만하다. 첫 번째는 최근에 주요 사회과학자들 여러 명이 옹호하는 생각으로, 이성은 의사 결정에서, 특히 가치나 정치 문제처럼 우리 삶과 밀접하게 관련된 일에 대해서 결정을 내릴 때, 거의 역할을 하지 못한다는 생각이다. 오히려 효과적인 홍보나 감정적인 연대나 위압(또는 든든한 돈)이 중요한 역할을 대신한다. 이성에 대한 회의론의 두 번째 근원이 아마도 더 널리 퍼져 있는 생각일 것 같다. 이성이라는 방법, 그러니까 과학이 사용하는 방법은 신뢰할 수 없다는 생각에서 회의론은 비롯되었다. 우리 삶과 밀접한 문제를 다루게 될 때 우리는 이성보다는 종교나 그 밖의 권위에 신뢰를 보낸다.

이성에 대한 이러한 두 가지 근원은 명백히 달라 보이지만 아주 핵심적인 것을 공유한다. 두 가지 견해 모두 이성은 다른 어떤 것, 비이성적인 어떤 것에 언제나 양보한다고 보는 것이다. 그리고 두 견해 모두 민주주의에 위험하다. 이성은 설득하지 못한다는 첫 번째 생각은, 정치는 총칼 이외의 수단에 의한 전쟁에 불과하다는 심각하게 비민주적인 정치관을 지적으로 그럴듯하게 만든다. 모든 것은 신앙에 불과하다는 두 번째 생각은 우리의 선입견과 증거가 충돌할 때는 증거를 버려야 한다는 생각을 조장한다. 최근 한국의 '교과서진화론개정추진위원회'와 같은 단체의 설립 취지나, 그 단체가 교과서에서 진화론을 삭제하려는 운동에 숨어 있는 생각이 바로 그런 것이다.

이성, 그리고 이성의 교환은 민주적인 정치에 필수불가결한 것이다. 민주적인 정치에 참여한다는 것은 동료 시민을, 존경할 만한 가치가 있고 스스로 의사를 결정할 수 있는 자율적인 행위자로 간주한다는 것을 뜻한다. 그리고 이 말은 민주적인 체제가 작동할 때 우리는 각자의 정치적인 행동에 대해서 이유(이성)를 제시한다는 것을 뜻한다. 물리적인 위협이나 속임수는 이성이 될 수 없다. 하지만 이성이 어떤 자의적인 것에 양보한다고 생각하기 시작한다면 민주주의는 발전하지 못한다. 그리고 이것이 바로 이성에 대한 신뢰를 잃을 때 생기는 문제다. 우리는 이유를 제시하는 관행을 포기하게 되고, 그렇게 되면 민주주의 그 자체를 포기하게 된다.

코네티컷 주 스토스
마이클 린치

추천사

우리는 근본적으로 사회적 존재다. 다른 사람과의 관계가 우리가 누구인지를 규정해준다. 우리 개인의 정체성에서 가장 중요한 것은 사회적 상호작용이다. 민주 사회는 그런 상호작용에 의해서 이루어진 체계 중 가장 중요한 것이며, 공적인 담화는 민주 사회에 절대적으로 중요한 사회적 상호작용이다.

민주주의의 중요한 특징은 누가 정권을 잡아야 하는가, 교육 제도나 건강 보험 제도는 어떠해야 하는가, 국가는 환경을 보호하기 위해서 어느 정도까지 법적으로 강제할 수 있는가와 같은 정치적 결정에 대한 숙고에 있다. 민주 시민들은 이와 같은 중요한 질문들에 대답하기 전에 먼저 중요한 문제에 맞닥뜨린다. 어떻게 민주 시민이 되는가, 특히 어떻게 다른 사람과의 대화에 참여하는지가 그것이다. 이 문제에 대해서 어떻게 대답하느냐에 따라 많은 것이 달라진다. 어떤 결정을 하느냐에 따라 공적인 담화의 본성—가족, 친구, 직장 동료, 그리고 우리가 상호작용을 하고 정치적이든 아니든 중요한 문제를 함께 토론하는 모든 동료 시민들과 관계를 맺는 방식—에 영향을 끼치고, 그것은 곧 민주주의의 본성에 영향을 끼친다. 이와 같은 중요성이 있으므로, 어떻게 민주 시민이 되느냐는 문제를 가볍게 다루어서는 안 된다. 신중하게 관심을 기울여야 하고 지속적으로 반성해야 하는 것이다. 이것이 바로 마이클 린치 교수의 이 감명 깊은 책이 말하려고 하는 바다.

《이성 예찬》은 이와 같은 논의에 시의적절하고 중요한 기여를 하고 있다. 최근에 공적 담론에서 이성의 역할과 적절성에 대한 회의론이 널리 퍼지고 있다. 중요한 정치적 문제에 대한 토론은 심리적인 속임수나 수사적인 술책, 물리적인 위협을 사용하거나 권위에 독단적으로 의존해서 진행된다. 이런 경향은 민주주의에서 공적 담론의 주된 목적은 어떤 수단을 사용해서라도 상대방을 설득하는 것이라는 생각을 조장하므로 상당히 위험하다. 이와 정반대의 주장을 하는 린치 교수의 이 책은 반가울 수밖에 없다. 그는 우리가 진정으로 관심을 갖고 있는 진리를 직접 거론하는 증거와 이성을 강조한다. 린치 교수는 그렇게 함으로써, 동료 시민에게 속임수를 쓰거나 힘으로 위협해 합의를 이끌어내려는 시도를 그만두고 대신 이성을 교환해 상호작용을 하는 방법으로 공적 담화를 이끌어가고 민주 시민이 될 수 있다는 초청장을 보내는 것이다.

정치와 공적 담화에서 이성의 역할과 가치를 옹호하는 작업을 수행하는 린치 교수는 축하를 받아 마땅하다. 그의 책은 감탄할 만하다. 책이 수행하는 작업의 중요성이 지대할 뿐만 아니라 어마어마한 명료성으로 작업이 이루어지기 때문이다. 린치 교수는 어렵기도 하고 때때로 상당히 전문적인 주제를 소개해 다루지만 쉽고 흥미롭게 이해할 수 있도록 하고 있다.

연세대학교 언더우드국제대학
니콜라이 장 이 린딩 페더슨 교수

서문

 신비한 힘을 가진 과학자가 당신에게 두 개의 문 중 하나의 선택을 권한다고 상상해보라. 한쪽 문 뒤에는 당신의 정치적 반대자에게 당신의 견해가 얼마나 현명한지 이성에 호소해서 천천히 설득할 수 있는 능력이 있다. 다른 쪽 문 뒤에는 수도관에 흘려 넣기만 하면 곧바로 '상대방'이 당신의 정치적 견해가 옳다고 생각하게 만드는 액체가 있다. 어느 쪽 문을 선택하겠는가?

 나 자신을 포함해서 내가 아는 사람들 대부분은 어떻든 마법 같은 액체를 선택할 유혹을 느낄 것이다. 그리고 그중 많은 사람들은 깊이 생각하지 않고 즉석에서 그런 선택을 할 것이다. 결국 정치란 중요한 문제를 다루므로, 반대편의 사람들이 없어져버리거나 아니면 우리가 보기에 올바른 생각을 하는 사람으로 마술처럼 변모하기를 바라지 않기는 어렵다. 그런 바람이 더 큰 선을 위해서라고 생각하는 것도 무리가 아니다. 그렇지만 아무리 그래도 당신은 망설일 것이다. 판돈이 아무리 크고 일이 더 신속하고 효율적으로 처리된다 해도, 사람들을 무의식적으로 당신에게 동의하도록 조정하는 것은 분명히 뭔가 잘못된 것 같다. 우리는 이성에 호소하는 것이 가치가 있는 어떤 것이라고 생각한다. 이성, 곧 이유를 제시하고 묻는 과정은 우리에게 어떤 결과를 가져다주든 그 자체로 중요한 일이다.■

물론 이유에 호소하는 일이 가치 있다 해도 그것은 그 이유가 좋은 이유일 때에 한해서다. 좋은 원리가 있어야 좋은 이유가 나온다. 따라서 이 책의 목표는 두 가지다. 하나는 공적인 대화에서 이유를 제시하는 일이 가치 있다는 것을 옹호하는 것이고, 다른 하나는 어떤 원리가 다

■ 이 책의 제목이기도 하고 핵심어인 'reason'은 우리말로 '이성'으로 번역되기도 하고, '이유'(근거)로 번역되기도 한다. 이 책에서는 대체로 일반적인 진술을 할 때는 '이성'으로 번역하고, 구체적으로 근거의 뜻으로 쓰일 때는 '이유'로 번역했다. 그리고 정 필요할 때는 '이성(이유)'과 같은 식으로 둘 다 표시했다. 한편, 'rational'은 '합리적'이라고 번역되기는 하지만 reason의 파생어이기도 하므로 거기에도 '이성' 또는 '이유'의 뜻이 담겨 있음을 알아야겠다. 또 'reasoning'도 일단 '추론'이라고 번역하기는 했지만 그것도 '이성적으로 사유한다' 또는 '이유(근거)를 찾는다'는 뜻이 담겨 있음을 알아야겠다. 역주

른 원리보다 더 가치 있다는 것을 옹호하는 것인데, 특히 세계에 대해서 과학적으로 접근할 때 필요한 원리의 가치를 옹호한다. 순환적이지 않은 추론으로는 이 원리를 옹호할 수 없다는 비판은 내가 보기에 상당히 타당하지만, 그래도 나는 공적인 대화에서 이런 원리에 호소하는 것은 중요하다고 생각한다. 모든 '제일 원리'는 결국 자의적인 어떤 것, 이를테면 감정, 신념, 뻔한 편견 같은 것에 그 뿌리를 두고 있는 것처럼 보일 때가 많다. 그렇다면 우리가 결국 바랄 수 있는 최선의 것은 마술 같은 액체뿐이다. 하지만 나는 우리가 그 이상의 것을 바랄 수 있다고 설득할 것이다.

이성의 가치에 대한 이러한 문제는 철학에서 가장 오래된 문제 중 하나다. 그리고 다른 많은 심오한 철학적 문제들이 그렇지만, 이 문제는 완전히 비실용적이기만 한 것은 아니다. 이 문제에 대한 해결책은 우리 문화에 폭넓은 영향력을 끼치기 때문이다. 이 책은 이 문제를 붙잡고 씨름하려는 시도다. 비록 완벽하지는 못한 시도일 것이다. 그러나 독자들이 이 문제를 진지하게 생각해보고 문제 해결에 동참하게 만드는 안내 역할도 할 것이다.

철학 저술에서 '회의론'이라고 하면 주로 우리에게 지식이 없다는 생각을 떠올린다. 이성의 가치에 대한 나 자신의 관심은 부분적으로 회의론에 대한 관심에서 비롯되었다. 오래전부터 회의론의 진정한 관심은 우리에게 지식이 없다는 것을 보여주는 데 있는 것이 아니라 추론, 다시 말해서 이유를 주고받는 활동의 중요성에 도전하는 데 있다고 생각했기 때문이다. 내 생각에, 지식은 철학자들이 생각하는 것보다 덜 중요할 때가 종종 있다. 정말 중요한 것은 그 지식을 옹호하고 명료화할 수 있다는 사실이다.

이 주제들에 대해서 이런 생각을 갖게 된 데에는 여러 곳으로부터 영향을 받았다. 우선 미국 실용주의의 일부 주제들과, 내가 존 듀이, C.S. 퍼스, 윌리엄 제임스에서 발견한 자연주의적이지만 휴머니스트적인 입장을 꼽을 수 있다. 그리고 나의 멘토이며 친구인 고 윌리엄 알스턴의 연구도 거론하지 않을 수 없는데, 나는 인식적 순환성에 대한 그의 선구자적인 연구 덕분에 이 문제들에 눈을 뜨게 되었다. 사실 나는 지금도 그와 토론하고 있는 셈이다. 내 생각에 중대하게 영향을 끼친 철학자들은 그 밖에도 어니스트 소사, 크립슨 라이트, 마이클 윌리엄스가 있다. 지난 6년 동안 대화를 통해서나 초고에 대한 코멘트를 통해서 이 책의 생각에 도움을 준 사람들이 많다. 그런 사람들로는 도널드 백스터, 로버트 버나드, 폴 블룸필드, 톰 본틀리, 데이비드 캡스, 낸시 도커스, 마이클 퓨어스타인, 패트릭 그리노, 에버하드 헤어먼, 클레멘스 캐펠, 힐러리 콘브리스, 스코트 레먼, 비르짓 린치, 패티 린치, 크리스토퍼 맥엔로, N. J. L. L. 페더슨, 톤 폴거, 던컨 프리처드, 폴 실바, 켄트 스티븐스, 존 트로이어, 스티븐 월, 제레미 와이어트가 있다. 나는 또 여기에 담긴 생각들을 여러 대학들에서 강연함으로써 도움을 받기도 했다. 앨러바마대학교, 신시내티대학교, 포덤대학교, 유니버시티칼리지더블린, 에딘버러대학교, 터프스대학교, 세인트앤드류대학교, 코펜하겐대학교, 미국철학회, 애버딘대학교가 그곳들이다.

4장의 일부는 A. 햇독, A. 밀라, D. 프리처드가 편집한 《사회 인식론》(옥스퍼드대학교 출판사, 2010)에 실린 "인식적 순환성과 인식적 공약 불가능성"에서 인용했다. 5장의 일부는 R. 오그지어가 편집한 《리처드로티의 철학》(오픈

코트, 2010)에 발표됐던 내용이다.

나의 대리인 피터 매트슨, MIT출판사에서 이 출판을 기획한 톰 스톤과 진행을 맡은 필립 래플린에게 특별히 감사드린다. 예정보다 시간이 오래 걸린 것을 이해해준 이 세 사람에게 미안한 마음과 함께 고마움을 전한다.

마지막으로 변함없이 나의 이성과 사랑의 등대가 되어주는 테리에게 특별한 감사를 전한다.

코네티컷 주 스토스
마이클 린치

차례

서문

1장 | 희망과 이성

1. 회의론의 근원 • 20
2. 이성의 공간으로서의 민주주의 • 30

2장 | 노예도 주인도 아니다 : 이성과 감정

1. 놀라운 데이터 • 42
2. 두 가지 그림 • 48
3. 손가락 까딱하기 • 59
4. 직관 : 척 보면 아는 • 68
5. 이성이 없다면? • 79

3장 | 단지 꿈과 연기뿐

1. 높은 곳에서 내려다본 회의론 • 98
2. 이보다 더 분명할 수는 없다 • 107
3. 회의론과 인식적 공약 불가능성 • 119

4장 | 이성의 종말 : 전통과 상식

1. 이곳에서는 원래 이렇게 한다 • 134
2. 상식과 가정 • 154

In Praise of Reason

5장 | 인간성의 성스러운 전통

1. 믿음, 신념, 수용 · 168
2. 객관성과 공통의 관점 · 185
3. 왜 그 방법을 선택해야 하는가 · 198
4. 질문과 대답 · 220

6장 | 진리와 거리의 파토스

1. 지식의 그림 · 240
2. 진리를 찾아서 · 248
3. 세계를 그대로 그리기 · 255
4. 진리와 인간적인 것 · 262

결론

경고와 희망 · 274

주석 · 278
옮긴이 해제 · 309
찾아보기 · 320

1장

희망과 이성

이성은 중요하며, 이성에 호소하는 것도 중요하다. 단지 학계의 고상한 이상을 위해서 중요한 것이 아니라, 우리가 발을 딛고 사는 현실 세계의 문제들을 위해서도 중요하다. 인간의 이성은 유혹에 약하고, 감정과 열정의 영향을 손쉽게 받기 때문에, 희미한 프로메테우스의 불꽃이 꺼져서 어두워지지 않도록 정성을 다해 돌봐야 한다.

1. 회의론의 근원

지난 10년 동안 가장 많이 팔린 책 중 한 권은 독자들에게 미국인을 대상으로 한 '최고의 사기극은 에이즈의 위협이다.'라고 말하고 있다.[1] MMR 백신 때문에 자폐증이 생긴다고 생각하는 사람들도 여전히 있다.■ 지구 온난화가 꾸며낸 이야기에 불과하다고 믿는 사람들도 있는데, 유력한 미국 정치인들과 뉴스 진행자 중에도 그런 사람들이 있다. 그리고 중등학교에서 자연 선택 이론과 함께 창조론을 가르쳐야 한다고 믿는 사람들은 그보다 훨

■ 이 책 2장 2절 185-186쪽에 자세한 이야기가 나온다. 역주

씬 많아서, 아마도 대부분의 미국 사람들이 그렇게 생각할 것이다.

이런 믿음을 가진 사람들 중에는 과학적 증거가 자신의 신념을 지지해주기 때문에 그렇게 믿는다고 생각하는 사람도 있다. 그러나 대부분의 사람들은 과학적 증거와 아무 상관 없이 그런 신념을 갖는다. 진화론의 경우를 생각해보자. 2007년 갤럽 조사에 따르면, 진화론을 믿지 않는다고 말한 사람 중 14퍼센트만이 자신의 신념에 대한 주된 이유로 증거가 없다는 것을 들었다.[2] 또 다른 여론 조사를 보면, 대부분의 사람들은 진화론에 대해 과학적 증거가 압도적으로 많다는 것을 알고 있다는 것이 드러났다. 다시 말해서 사람들이 진화론을 지지하는 과학적 증거가 없다고 생각하는 것이 아니라,[3] 자신들이 정말 관심을 갖는 문제들에 관해서는 이런 종류의 증거들이 설득력 있다고 생각하지 않을 뿐이다. 과학자들이 특정 종교적 믿음이 틀렸음을 '증명'한다면 어떻게 하겠냐고 물으면, 거의 3분의 2의 사람들이 그것과 상관없이 자신의 종교적 믿음을 고수하겠다고 말했다.[4]

이런 사실로부터 사회학적인 해설(사람들은 과학에 큰

관심을 보이지 않는다)부터 심리학적인 해설(상대적으로 쉽게 받아들여지는 이론들이 있다)까지 수많은 이론들이 쏟아져나오고 있다. 이런 이론들은 분명히 장점이 있기는 하지만 또 다른 가능성을 간과하고 있다. 그것은 이성에 대해 극도로 회의적인 사람들이 많다는 사실이다. 이런 회의론이 생긴 원인은 다양한데, 그 밑바탕에는 공통의 생각이 깔려 있다. 모든 '합리적' 설명을 들여다보면 마지막에는 자의적인 어떤 것에 기반을 두고 있다는 생각이 그것이다. 합리적 설명은 결국 우리가 우연히 믿는 것, 본능적으로 느끼는 것, 맹목적인 신념으로 귀착된다는 것이다. 이런 생각은 꽤 그럴듯해 보인다. 한편으로는 정말 맞는 말 같기 때문이고, 다른 한편으로는 사람들에게 뭔가 자유로운 느낌을 주기 때문이다. 지적으로 말해보면, 이런 생각은 이성을 강조하는 입장과 이성에 회의적인 입장 사이의 전투가 대등하게 진행되도록 해준다. 단적으로 말해서, 모든 이성이 임의적인 어떤 것에 기반을 두고 있다면, 과학이 다른 것보다 더 굳건한 토대 위에 서 있다고 생각할 이유가 있겠는가? 우리는 스스로 믿고 있는 것이 증거에 어긋나더라도 원래 믿고 있던 것을 계속 밀고 나갈 수 있게 된다.

  그러나 그럴듯해 보이는 생각들이 대부분 그렇듯, 이 생각도 논리적인 극단까지 밀고 나가보면 해롭다. 모든 것이 자의적이라는 생각은 시민사회의 핵심이 되는 원리, 곧 우리는 하는 일에 대해 동료 시민들에게 설명할 의무가 있다는 원리를 손상하기 때문이다. 시민사회에 꼭 교양이 있거나 비슷한 사람들이 모여 있을 필요는 없다. 하지만 시민사회는 이유를 제시하고, 탐구하고, 질문하는 것이 소중하다고 생각하며, 사람들 사이의 의견 차이를 충분히 논의해서 해결하는 사회다. 이런 일들이 시행되는 사회는 어떻게 하면 그 일들을 잘 할 수 있고 어떻게 하면 잘 못하는지 그 기준에 대해서 진지하게 고민한다. 이런 기준이 존재한다는 생각을 포기한다면, 이유를 제시하는 것이 가치가 있다는 생각도 포기하게 되는 것이다. 협의는 단지 술수를 잘 부리고 권력을 키우려는 목적의 게임으로 전락하고 만다. 이성에 대한 회의론은 진정한 시민사회가 되는 것을 방해한다. 바로 이 점 때문에 왜 회의론이 생기는지 살펴보고 회의론의 주장에 대해 반박해 보는 것이 중요한 것이다.

바로 이런 목적 때문에 이 책을 쓰게 되었다. 나는 회의론이 제기하는 우려가 심각하게 고민해볼 만한 점이 있고 이해될 만한 부분도 많이 있지만, 거기에 대해 모두 대답할 수 있다고 독자들을 설득할 것이다. 이성은 중요하며, 이성에 호소하는 것도 중요하다. 단지 학계의 고상한 이상을 위해서 중요한 것이 아니라, 우리가 발을 딛고 사는 현실 세계의 문제들을 위해서도 중요하다.

'이성(이유)'은 무슨 뜻일까? 가장 넓은 의미로서는 우리의 믿음과 신념을 설명하고 정당화하는 능력을 말한다. 따라서 어떤 것에 대해 이유를 제시한다는 것은 그것을 정당화하거나 설명한다는 것이다. 그렇지만 '이성'은 다소 좁은 의미로 쓰이는 일도 종종 있다. 좁은 의미에서 '이성을 사용한다'는 것은 특정 방법을 사용하며, 특정 근원에 호소하며, 특정한 실행에 옮긴다는 것을 뜻한다. 논리적 추론('연역'과 '귀납'의 두 가지 추론)과, 또 흔히 '관찰'이라고 불리는데 정확히 말해서 여기에는 지각적인 경험으로부터의 추론인 '관찰'이 포함된다.[5] 흔히 과학자들의 연구를 이성의 모범적인 사례라고 말하는 까닭이 여기에 있다. 과학은 암암리에 관찰과 논리의 방법에

특권을 주는 원리들을 이용하기 때문이다.[6]

이성에 대한 회의론의 우려는 이런 좁은 의미와 관련된다. 그런 우려의 근원을 찾아보면 세 가지를 들 수 있다. 첫째, 모든 추론은 궁극적으로 '합리화', 다시 말해서 이미 우리의 감정에 따라 저지른 일에 대해 사후적으로 벌이는 작업이 아니냐는 의심이다. 아이러니하게도 이런 회의적인 생각은 최근이 과학 자체의 지지를 받았다. 일부 학자들은 이성이 우리 삶에서 별다른 인과적인 역할을 하지 못한다는 것을 방대한 심리학 실험 데이터가 보여준다고 주장한다. 그런 역할을 하는 것은 이성이 아니라 우리의 감정이나 느낌이라는 것이다. 따라서 정말 중요한 것은 그런 것들이지 이성 그 자체가 아니라는 것이다. 이성은 인과적인 힘이 없다.

회의론의 두 번째 근원은 약간 더 복잡한데, 악순환에 빠지지 않고서는 이성을 왜 신뢰하는지 그 이유를 제시할 수 없다는 것이다. 과학을 왜 신뢰하는지를 또 다른 과학에 의존해서 옹호할 수 없다는 것도 같은 맥락의 비판이다. 이런 악순환은 자동차 판매 사원이 자신의 신용을 옹호하기 위해서 자신은 언제나 진실만을 말한다고 맹세하는 것과 비슷하다. 미국의 문화적인 우파는 이성이 이런 식으로 악순환에 빠진다는 것을, 과학은 '또 다른 신념에 불과하다'는 주장의 근거로 이용하곤 한다. 과학은 종교와 동등하거나 어쩌면 더 하등하다고 보는 것이다. 놀랍게도 문화적 좌파 중에서도 똑같은 전제를 이용해 과학의 방법은 여러 방법론들 중의 하나에 불과하며 그것들 중에 우열을 가를 권위 있는 방법이 있는 것은 아니라는 견해가 있다. 진부한 표현으로 말해보면, 이성은 우리의 문화에 따라 달라지거나 개인의 다양한 심리 상태에 의존한다는 점에서 '상대적'이라는 것이다.

이와 같은 회의론의 두 번째 근원은 고대 그리스 철학에 그 뿌리가 있다. 이성에 대한 서양 문명의 뿌리 깊은 양가적 태도의 전조를 보인 곳이 바로 고대 그리스다. 그리스는 철학과 이성의 꿈이 태어난 곳이다 하지만 예수가 태어나기 4세기 전에 피론의 추종자들이 처음으로 이성은 자기 자신을 옹호할 수 없다고 주장을 펼친 곳이기도 하다. 그리고 이성에 대한 회의론은 나중에 초기 그리스도교 사상의 일부가 되었다. 테르툴리아누스는 "아테네와 예루살렘은 도대체 무슨 관계가 있는가?"라는 유명한 물음을 던졌는데, 이 말은 이성과 신념이 도대체 무슨 관계가 있냐는 뜻이다. 서양은 이성에 현재와 같은 역할을 부여한 공로가 자신에게 있다고 오랫동안 자랑해왔지만 그 역할에 대한 회의론도 키워온 것이다.

이성에 대한 회의론의 세 번째 근원은 이성이 객관적 진리를 드러낼 수 있다는 잘못된 가정을 하고 있다는 점이다. 그러나 다양한 문화권의 여러 사람들에게 객관적 진리는 환상일 뿐이다. 그것은 유용하고 생산적인 것이기는 하지만 환상인 것이다. 그래서 이런 생각에 따르면 진리를 더 이상 믿지 말고, 이성이나 그 어떤 비슷한 것도 우리에게 진리를 드러내 보여줄 수 없다는 것을 받아들이는 것이 현명하다. 이런 견해는 나를 포함해서 1980년대나 1990년대에 대학과 대학원에 다녔던 사람들에게는 친숙하다. 다들 들떠 있던 당시에는 계몽적인 합리주의의 '메타 서술'을 거부하는 것이 포스트모더니즘의 진정한 승리라고 여겨졌다. 이런 거부도 또 하나의 메타 서술임을 감안하면 여기에는 얼마만큼의 아이러니가 깃들어 있기는 하다.

이제는 학계에서 포스트모더니즘의 '섹시한 매력'이

사라졌는데, 나는 대체로 보아 이런 현상이 바람직하다고 생각한다. 그러나 포스트모더니즘의 옹호자들이 계몽적 합리주의에 대해 펼쳤던 비판은 일리가 있고 중요하다. 나는 절대적인 이성*을 옹호하는 것도 아니고, 이성이 가치중립적이라는 환상을 옹호하는 것도 아니고, 더 이상 근거가 필요 없는 근거가 있다는 생각을 옹호하는 것도 아니고, 편견 없이 순수하게 경험에 '주어지는' 것이 있다는 생각을 옹호하는 것도 아니다. 나의 이성 옹호는 자연주의적인 방식이다. 이것은 플라톤처럼 이성을 열렬하게 지지한 사람뿐만 아니라 데이비드 흄처럼 이성을 비판한 사람들에게서도 상당 부분 영감을 얻었다. 나는 미국의 실용주의자들처럼 우리가 이성의 편을 들어 말할 수 있는 최상의 것은, 실은 말해야 하는 최상의 것은, 이성이 건강한 시민사회에서 중심적인 역할을 한다는 것이라고 생각한다.

이 책은 또 종교나 영성에 대해서 공격하려고 의도된 것은 아니다. 신이 존재하느냐 아니냐는 여기서 던지는

■ 원문은 "대문자 'R'로 시작하는 이성"이라고 되어 있다. **역주**

질문이 아니다. 나는 또 '신념', 적어도 '명백한 증거 없이 믿는다'는 골치 아픈 의미에서의 신념의 정체를 폭로하는 데는 관심이 없다. 나는 증거 없이 어떤 원리들을 받아들여야 할 때가 가끔 있다고 생각한다. 그런 것은 문제가 안 된다. 진정한 문제는 그렇게 받아들이는 것을 그런 원리들에 이유를 제시할 수 없다는 뜻으로 생각하고, 그래서 공적인 담론에서 이성에 대해 양가적인 태도를 취해야 한다고 생각하는 것이다. 그런 생각은 분명히 올바르지 않은데, 왜 그런지 이유를 말하는 것은 어렵지 않다.

2. 이성의 공간으로서의 민주주의

 텍사스 주는 매년 4,800만 권의 교과서를 구입해 공립학교에 공급한다. 이만한 양이면 미국 전역의 공립학교 교과서에서 발견되는 현상을 대표해서 말해준다고 할 수 있다. 따라서 교과서를 둘러싸고 벌어지는 일에 깊은 관심을 갖는다고 해서 놀랄 일은 아니다. 실제로 교과서의 내용은 미국에서 가장 뜨겁게 진행되는 문화적인 논쟁들의 한가운데에 있기 때문이다. 그 논쟁 중 하나는 창조론을 생명의 근원에 대한 합당한 과학적 이론으로서 학생들에게 가르쳐야 하느냐는 것이다. 텍사스교육위원회의 일부 위원들은, 과학자들의 음모론을 근거로 창조

론을 가르쳐야 한다는 견해를 표명했다. 과학자들이 진화론의 결점을 덮고 지구와 지구의 모든 서식 생물들은 그리스도교의 신이 창조했다는 증거를 숨긴다는 것이 음모론의 내용이다. 미국의 건국과 역사에 대한 논쟁도 있다. 여러 교육 위원들과 그들의 지지자들은 역사 교과서에 자신들이 진실이라고 믿는 것을 포함시켜야 한다고 끊임없이 로비를 했으며 그 로비는 성공하기도 했다. 그 진실이란, 미국은 '그리스도교 국가'가 되어야 한다는 계시를 받고 건국되었으며, 그 건국은 신의 섭리에 의해 이루어졌다는 것이다.[7]

텍사스교육위원회의 사례는 이성에 대한 회의론이 지극히 현실적인 문제에 어떻게 관여하는지를 흥미롭게 보여주고 있다. 그렇다고 해서 교육 위원회의 회의실에서 회의론에 대한 현학적인 논쟁이 벌어져, 교과서에 실을 내용을 실제로 결정했다고 말하는 것은 아니다. 그런 결정은 말할 것도 없이 여러 다양한 변수들이 작용한 결과인데, 정치적 변수가 가장 크게 작용하고 지역적인 특수성도 상당 부분 작용했을 것이다. 그러나 그런 결정을 내린 실제 동기가 무엇이든, 정치적인 것에 대해서만 논쟁이 벌어지는 것은 아니다. 단순히 사실에 대한 것만도 아니다. 사실에 관해 가르치는 방법이 어떤 것이 최선인지에 대해서도, 다시 말해 인식적 원리라고 불릴 수 있는 것에 대해서 어떤 입장을 취하는 것이 최선인지에 대해서도 논쟁이 벌어지는 것이다. 도덕적 원리는 어떻게 행동하는 것이 합리적인지에 대해서 말해준다. 마찬가지로 인식적 원리는 무엇을 믿는 것이 합리적인지에 대해서 말해준다. 거기에는 우리가 믿음의 방법 중에서 어떤 것을 신뢰해야 하고 어떤 것이 가장 좋다고 가치를 부여해야 하느냐는 문제까지 포함된다. 텍사스에서 벌어진 논쟁은 지역에 국한된 것이지만 이 문제, 그러니까 어떤 인식적 원리를 가져야 하느냐는 문제 덕분에 미국 문화 전반에 걸친 의미를 크게 갖게 되었다. 그리고 다음과 같은 근본적인 우려를 낳기도 한다. 이와 같은 가치에 대해서 의견이 일치하지 않을 때 어떻게 해결하는가? 어떤 종류의 이성에 호소해야 문제가 해결되는가?

내가 아는 어떤 사람들은 그런 문제들이 그렇게 중요하지 않다고 생각한다. 그들은 나와 인식적 원리들을 공유하지 않는 사람들, 다시 말해서 과학은 언제나 지구의 생명의 기원과 같은 문제를 알아내는 최선의 방법이라는 명백한 사실을 이해하지 못하는 사람들을 설득하려고 내가 왜 애써야 하냐고 묻는다. 다시 반복하면 인식적 원리는 무엇을 믿는 것이 합리적인지에 대해 말해준다. 따라서 나의 기본적인 인식적 원리를 의심하는 사람이라면 나에게는 합리성의 규칙을 의심하는 사람으로 비칠 것이다. 그들이 생각하는 것에 대해서 내가 왜 신경 써야 하는가? 그들은 어찌 됐든 나의 (좋은) 이유를 수용할 것 같지 않고, 그들이 제시하는 '이유'는 나에게는 합당하게 생각되지 않을 것인데 말이다.[8]

그러나 어떤 것을 '합당하다'고 간주해야 하는가? 쉬운 질문은 아니다. 합당한 도전은 아마도 합리적인 도전일 것이다. 인식적 원리들에 대한 의견 차이는 어떤 방법과 근원을 신뢰해야 하느냐, 간단하게 말해서 어떤 것을 믿는 것이 합리적인지에 대한 의견 차이다. 나의 방법을 의심할 합당한 이유로 간주될 수 있는 것이 무엇인지를 결정하기 위해서는, 어떤 방법을 신뢰해야 하냐는 물음을 이미 해결했어야 하는데, 이 물음이 문제가 되는 바로 그 물음이다. 이성에 대한 회의론이 제기하는 문제는 내가 왜 그 원리를 가지고 있는지를 나의 바로 그 원리에 의해서 증거를 제시할 수 있냐는 것이 아니다. 그런 증거는 언제든 제시할 수 있다. 진짜 문제는 원리를 더 객관적으로 옹호할 수 있냐는 것이다. 다시 말해서, 흄이 '공통의 관점'이라고 부른 것에서 봤을 때 인정할 수 있는 이유를 원리에 대해 제시할 수 있냐이다. 흄은 이유가 "인간의 보편적인 원리를 자극하고, 모든 인간이 화음을 만들어낼 수 있는 심금을 건드린다."고 말했다.[9]

나는 우리들이 이 문제, 그러니까 공통의 관점에서 인식적 원리를 옹호하는 문제를 무시하고 있는데, 이것은 매우 위험하다고 생각한다. 그렇다고 내가 사람들에게 공적 담화에서 과학적 이성을 사용하라고 설득하기 위해 어떤 목록들을 쭉 나열해야 한다고 생각하는 것은 아니다. 그것은 시간 낭비다. 또 민주 사회에서 다른 사람의 관점을 무시하는 것이 정치적으로 어리석다는 말을 강조하려는 것도 아니다(사실 정치적으로 어리석기는 하다. 그렇지만 다른 사람이 도전을 하는데, 거기에 도도하게 무관심한 태도를 보이는 것은 당신의 메시지를 전달하는 데 전혀 도움이 안 된다). 내가 말하려는 것은 우리의 인식적 원리를 옹호하는 것은, 다시 말해서 이성에 대한 우리의 굳건한 믿음을 옹호하는 것은 우리의 또 다른 원리를 위해 꼭 필요하다는 것이다. 흄이 스스로 '인간성의 원리'라고 부르곤 했던 것을 언급할 때 중요하게 생각한 것은, 우리가 현실적인 문제를 함께 토론해야 하는 사람들과 나눌 공통의 근거를 찾아야 하는 것이 예의라는 것이다. 존 롤스나 위르겐 하버마스 같은 최근의 정치 철학자들은 이런 예의를 자유주의적 민주주의가 제대로 기능하기 위해 반드시 필요한 핵심 요소로 보았다. 이런 견해에서 민주주의는 경쟁하는 세력들의 권력 투쟁에 불과한 것이 아니다. 총성 없는 전쟁이 아니다. 민주주의는 이성이 움직이는 공간이며, 또 그래야 한다. 정치 철학자 조수아 코헨의 말을 빌리면, 민주주의는 그 정당성이 '평등한 시민들 사이에서 공적인 논쟁과 추론을 통해 확보되는' 체제다.[10] 민주주의는 본질적으로 상호 심의를 허용하는데, 여기에는 공적인 이성의 교환, 다시 말해서 개인적인 것이 아닌 공적인 기준으로 인정할 수 있는 이성의 교환을 포함하고 있다.[11] 정치철학자 진 햄프턴은 이렇게 말했다. "우리의 종교나 도덕적 믿음이나 형이상학적 입장이 무엇이든,

협동을 요구하는 체계에서 함께 일하려 한다면 토론하고 그것을 해결할 수 있는 '공통의 화폐'가 있어야 한다. 그렇지 않으면 우리 사회는 무너질 것이다."[12]

그러므로 우리의 인식적 원리를 진지하게 옹호하는 계획을 세워야 하는 한 가지 이유는 예의 때문이다. 이 이유 말고도 더 심오한 이유가 있다. 우리의 인식적 원리를 공통의 관점에서 정당화할 필요가 있는 것은, 공통의 관점을 가지기 위해서 우리가 공유하는 인식적 원리가 필요하기 때문이다. 신뢰할 수 있는 정보의 근원이 무엇인지, 또 신뢰할 수 있는 탐구 방법이 무엇인지 판정할 수 있는 공통 배경의 기준이 없다면, 가치는 고사하고 사실에 대해서도 의견 일치를 볼 수 없을 것이다. 실제로 미국에서 벌어지는 상황은 정확히 이렇다. 우리가 의존하는 근원은 그 기본적인 가정들을 전혀 의심해보지 않은 채 자신의 편견을 강화하기만 할 뿐인데, 그런 근원에서 끌어모은 정보의 거품 속에서 각자 고립된 채 살고 있는 것이다. 텍사스교육위원회 사례에서처럼, 역사와 세계 자체의 물리적인 구조에 대해서 의견 일치에 이르지 못했다고 놀랄 일은 아니다. 공동으로 추진하는 일이 부득이

하게 멈춘다 해도 놀랄 일이 아니다. 증거와 합리성의 원리에 동의할 수 없다면 사실에 대해서도 동의할 수 없다. 그리고 사실에 대해서 동의할 수 없다면, 사실에 직면했을 때 무슨 일을 해야 할지에 대해서도 동의할 수 없다.

간단하게 말해서, 의견이 일치하지 못할 때 무슨 일을 할지 공동으로 결정해야 하는 경우가 자주 있기 때문에 인식적인 공통의 화폐가 필요하다.[13] 민주 사회에서는 투표라는 형식으로 이런 일을 달성하곤 한다. 그렇지만 우리는 모든 사안에 대해 그런 식으로 결정할 수 없으며, 우리의 인식적 원리에 대해서는, 다시 말해 어떤 방법이나 근원이 실제로 합리적인 신뢰를 보낼 만한 가치가 있는지에 대해서는, 투표로 결정할 수 없다. 우리는 투표장에 들어서기 전에 어떤 형식이 됐든 공통의 화폐가 필요하다. 이 말은 우리가 이성에 대한 회의론에 용감하게 맞서야 한다는 것을 뜻한다. 이성에 대한 회의론은 우리가 공통의 합리성 기준을 실제로 가지고 있는지 묻지 않는다. 우리는 그런 기준을 가지고 있지 않다는 것을 이미 알고 있다. 회의주의가 위협하는 것은 인식적 원리를 공유할 수 있다는 바로 그 가능성이다. 회의주의는 우리가 공통의 관점 일반을 공유하리라는 희망을 품을 수 없다는 우려를 제기하고, 그럼으로써 민주적인 시민사회의 핵심 강령을 위협하는 것이다.

철학자 마이클 오크쇼트는 보수적인 성향을 여지없이 드러내는 선언문에서, (그가 '절대적 합리주의자 The Rationalist'라고 부르는) 자유주의 진영의 반대자들을 다음과 같은 방식으로 묘사하고 있다.

> 현대사회에서 그가 처한 상황이 그를 논쟁하기 좋아하는 사람으로 만들었다. 그는 권위, 편견, 단순한 전통, 관습, 습관의 적이다. 그는 회의적이면서 동시에 낙관적인 태도를 보인다. (……) 더구나 그의 주장들은 '이성'에 대한 믿음으로 강력하게 뒷받침받는데, 이성은 모든 인간이 공유하는 것이고, 합리적인 고려를 할 때 공유하는 힘이며, 논쟁의 근거가 되고 그것을 고무시켜주는 것이다. 그의 문에 걸려 있는 것은 파르메니데스의 다음과 같은 가르침이다. "합리적인 논증만으로 판단하라."

오크쇼트는 아마도 자유주의 진영을 고발하기 위해서

이런 말을 했을 것이다. 그렇다면 나도 고발 대상이 된다. 나는 이성에 대한 희망을 여전히 품고 있다고 고백한다. 그러나 내가 이성에 대해서 품고 있는 희망은 인간의 이성에 대해서 품고 있는 것이다. 인간의 이성은 유혹에 약하고 감정과 열정의 영향을 손쉽게 받기 때문에 희미한 프로메테우스의 불꽃이 꺼져서 어두워지지 않도록 정성을 다해 돌봐야 한다. 이 책은 이런 희망이 이루어질 수 있다는 것을 보여주려는 시도다.[14]

2장

노예도 주인도 아니다:
이성과 감정

이성은 어른이고 감정은 어린이라는 그림은 '인간 마음에 대한 냉정한 견해'이다. 냉정한 견해는 상당히 영향을 끼쳐 왔다. 인간의 공통적인 경험을 잘 설명해준다는 점에서 그 이유를 일부 찾을 수 있다. 하지만 진실은 그것보다 훨씬 복잡하다. 이성과 감정 모두 주인도 아니며 노예도 아니다. 그 둘은 훨씬 더 밀접하게 엮여 있고 훨씬 더 동등하다.

1. 놀라운 데이터

2007년에 프린스턴대학교의 연구자들은 상당히 충격적인 연구 결과를 발표했다. 사람들은 두 후보자의 얼굴을 몇 분의 일초만 봐도 선거에서 누가 이길지 충분히 예측할 수 있다는 내용이다.[1] 알렉산더 토도로프와 그의 동료들은 이전 연구에서 사람들이 생소한 얼굴이라도 10분의 1초 이내에 경쟁력을 판단한다는 증거를 설득력 있게 제시했다. 이 연구는 사람들이 의식적인 반성을 하기에 앞서 그런 판단을 한다는 것을 보여준다. 토도로프와 찰스 밸류는 후속 연구에서 그런 판단들이 선거 결과와 연관성이 있는지를 계속 연구했다.

과학자들은 또 다른 실험에서 대학생들에게 2006년 주지사와 상원 의원 선거 2주일 전에 민주당과 공화당 후보들의 얼굴을 보여주었다. 학생들에게는 누가 더 경쟁력이 있는지에 대해서 '본능적인 느낌'을 물었다. 실험 참가자들의 즉각적인 판단이 전적으로 외모에 근거한다는 것을 확실히 하기 위해서 후보자의 얼굴을 알아보지 못하는 참가자의 응답만 분석했다. 선거가 끝난 후 과학자들은 조사 결과와 선거 결과의 상관성을 살펴보았는데, 놀라운 결과가 나왔다. 참가자들이 후보들의 얼굴을 본 시간은 100분의 1초가 안 되었는데도 상원 의원 선거에서 72.4퍼센트, 주지사 선거에서 68.6퍼센트나 당선자를 맞췄다. 더 놀라운 것은, 참가자들에게 더 숙고해서 판단해보라고 하자 선거 결과를 맞추는 능력은 늘지 않은 정도가 아니라 오히려 줄어들었다는 사실이다. 그래서 연구자들은 다음과 같이 언급했다. "선거 결과를 예측한 것은 얼굴 생김새를 무의식적으로 판단했기 때문이다. 심사숙고해서 판단하라는 지시는 무의식적인 판단이 오히려 방해가 되었고 결과적으로 예측의 정확성은 떨어졌다."[2] 달리 말해, 사람들은 정치적 판단을 할 때 겉모습만을 판단의 근거로 삼아 무반성적으로 한다. 생각은 방해만 된다.

도덕적, 정치적 결정을 어떻게 내리는지 연구하는 과학 산업은 빠르게 성장하고 있는데, 위와 같은 연구 결과는 그중 아주 일부에 불과하다.[3] 그리고 여러 학자들이 그런 실험 결과로부터 끌어내리는 주장들은 충분히 음미할 만한 가치가 있는 것들이다. 그렇다고 해서 내가 대부분의 평범한 사람들이 내리는 정치적, 윤리적 결정들이 빈약한 정보를 가지고 감정에만 의존하며, 논리적으로 추론하지 않은 것이라고 말하려는 것은 아니다. 그 정도 이야기는 이미 마키아벨리부터 칼 로브에 이르기까지 많은 사람들이 한 것이므로 새삼스러운 것이 아니다. 그보다 더 흥미로운 결론은 이성은 정치적이든 아니든 우리의 결정과 거의 무관하다는 것이다. 우리가 무엇을 원하는지 궁리할 때, 심지어 우리가 믿는 것이 참인지 궁리할 때조차도 이성은 아무 역할을 못 한다는 것이다.

이런 식으로 데이터를 바라봐야 한다고 주장하는 이들 중에서 최근 활발하게 활동하는 사람은 정치 컨설턴트로 변신한 신경과학자 드류 웨스틴이다. 베스트셀러 《정치적 뇌》의 지은이인 웨스틴 자신도 재미있는 실험 결과들을 몇 가지 내놓고 있다. 웨스턴과 그의 동료들은 2004년 대통령 선거에서 정치적으로 열성적인 자유주의자들과 보수주의자들의 뇌 활동을 연구하는 실험을 했다.[4] 참가자들에게 존 케리와 조지 W. 부시의 모순적인 진술들을 똑같은 개수만큼 보여주었다. 그것에 대해 생각할 시간을 준 다음에 어느 쪽 진술이 정말 모순적인지 물었다. 웨스틴과 그의 동료들은 이런 실험을 하는 내내 참가자들의 뇌를 (fMRI 기술을 이용해서) 들여다보았다. 정치적으로 열성적인 사람들은 상대 후보가 압도적으로 일관되지 않은 진술을 하는 데 비해 자신이 지지하는 후보는 그런 진술을 전혀 하지 않는다고 판단했다. 이런 결과는 짐작할 수 있었으므로 놀랄 일은 아니다. 진짜 재미있고 놀랄 만한 것은 웨스틴이 참가자들의 뇌를 관찰함으로써 알게 된 사실이다. 참가자들의 뇌는 자신들이 지지하는 후보의 모순적인 진술을 보는 순간, 처음에는 갈등과 불편함을 경험하고 있음을 보여주는 활동을 나타냈다. 그러나 그 활동은 재빨리 다른 식으로 바뀌었다. 특히 감정적인 갈등 조절을 관장하는 신경 중추는 다른 사람들은 명백히 모순이라고 생각하는 것을 아니라고 생각하게 만드는 믿음을 '고용'했다. 그리고 이 모든 과정에 추론을 관장한다고 생각되는 신경 중추는 전혀 관여하지 않은 채 진행되는 것 같았다. 그리고 더 놀라운 것은, 참가자들이 최종 결론을 내렸을 때 그들의 불편함은 사라지기 시작했을 뿐만 아니라 긍정적인 감정에 관여하는 뇌 부위가 활성화되었으며, 실제로 기분이 좋아지기까지 했다는 사실이다. 웨스틴은 뇌는 그릇된 추론을 허용할 뿐만 아니라 그렇게 했다고 보상까지 한다고 주장한다.

이런 연구를 비롯해 유사한 연구들은 이성의 역할이 지닌 가치를 깎아내리는 것처럼 보인다. 그 연구 결과를 논리적인 극단까지 몰고 가, 이성이 도대체 어떤 중요성이 있는지 의심하기 시작하는 것이다. 이성이 정치적 결정을 내리는 데 기여하지도 않고 내가 이유를 제시한다고 해서 상대방의 마음이 바뀌지도 않을 텐데, 처음부터 이성을 가지고 고민할 이유가 무엇인가? 다른 사람의 마음을 바꾸는 데는 주먹다짐을 하거나 감정에 호소하는 방법이 훨씬 낫지 않겠는가?

이런 물음들은 놀라운 것이긴 하지만 아직은 성급하

다. 이런 연구들이 있다고 해서 이성의 중요성, 특히 과학에 기본이 되는 이성적 활동의 중요성의 가치가 깎아내려지는 것은 아니기 때문이다. 하지만 그런 연구들은 과학이 인간의 심리, 특히 감정과 직관과 맺는 관련성에 대해 소중한 통찰력을 제공해준다. 이 장에서는 그런 통찰력을 살펴볼 것이다. 그 연구들은 그 자체로 재미있기도 하지만 이성의 정체가 무엇인지 알아내는 데 도움을 줄 것이다.

2. 두 가지 그림

―

위에서 살펴본 사례들은 아주 명확한 문젯거리를 던져준다. 우리의 이성적 추론 능력은 감정에 의해서 어떻게, 그리고 얼마만큼 영향을 받느냐는 것이 그것이다. 감정과 이성의 관계에 대해서 두 가지 경쟁적인 그림이 서양의 철학적 사상을 지배해왔다. 그중 첫 번째 그림은 (화려함이라면 일가견이 있는) 플라톤에 의해서 화려하게 그려졌다. 그는 이성을 서로 싸우고 제멋대로인 날개 달린 말들을 제어하기 위해 고삐를 꽉 잡고 있는 마부로 그리고 있다.[5] 맘먹은 대로 제어가 잘 되면 마부는 절도 있는 손으로 말들을 부릴 것이다. 그러나 맘먹은 대로 되지 않으면, 열정은 고삐가 풀려 종잡을 수 없는 곳으로 우리를 질질 끌고 갈 것이고, 질질 끌려간 마부는 아침이 되면 사죄할 것이다.

스토아학파라고 알려진 헬레니즘 시대의 철학자들은 이런 생각을 더 깊게 파고 들어갔다. 그들에게 감정은 비합리적일 뿐이므로, 우리가 할 수 있는 최선의 일은 이성의 마부로부터 말들을 모두 풀어주는 것이다. 스토아학파에게 행복의 비결은 아타락시아, 곧 영혼의 혼란이 없는 상태를 달성하는 데 있다. 이 상태를 달성하기 위해서는 혼란이라는 감정을 완전히 깨끗하게 씻어내야 한다. 또한 불쾌한 감정뿐만 아니라 즐거운 감정도 씻어내야 한다. 스토아학파는 즐거운 감정을 없애지 않으면 불쾌한 감정도 없앨 수 없다고 생각했기 때문이다. 충분히 그럴듯한 생각이다. 에로스의 포옹 속으로 몸을 던져라. 그러면 메데아의 불같은 질투를 받거나 오셀로의 천천히 태우는 고통을 받을 것이다. 불운한 사람들을 불쌍하게 여겨라. 그러면 니체가 예상한 대로 그들의 허약함을 비웃고 있는 당신을 발견하게 될 것이다.

다른 방식으로 이야기해보자. 플라톤이나 스토아학파

가 인간 심리를 바라보는 견해에서는 이성은 성인이고 감정은 어린이다. 성인은 어린이를 엄격하게 가르치거나(플라톤), 버릇없는 아이를 집에서 완전히 쫓아내야 한다(스토아학파). 어떤 쪽이 됐든, 인간 이성에 대한 기본적인 그림에는 두 가지 요소가 내포되어 있다. 첫째, 감정과 이성은 인간의 마음에서 분명하게 구분되고 때때로 싸우기도 하는 양면이라는 사실이다. 둘째, 적어도 성공하고 행복한 사람에서는 이성이 대체로 이긴다는 사실이다. 그러므로 인간은 대체로 합리적인 동물이다. 또는 그래야 한다.

어떤 생각들은 너무 많은 먼지를 일으켜서 거의 모든 것을 덮어버린다. 이성과 감정에 대한 플라톤과 스토아학파의 생각이 그런 경우다. 이것은 남자는 이성적이고 감정에 휩쓸리지 않으며 관리 능력이 있는 유형인 데 비해, 여자는 직관적이며 어린이 단계를 벗어나지 못했다는 생각에서 보듯이 최악의 성별 고정관념을 드러내기도 하고, 〈스타트렉〉의 스팍은 이성적이고 감정에 치우치지 않는 데 비해 그의 친구 본스는 그 반대라는 설정에서처럼 대중문화의 아이콘들에도 퍼져 있다. 플라톤의 이성과 감정 개념의 핵심 요소들을 찾을 수 있는 이론 중 가장 중요한 것은 아마도 전통적인 경제학 이론의 기본적인 운영 가정일 것 같다. 표준적인 경제학은 우리 자신의 선호에 대해서 편견 없이 객관적으로 비용-이득 분석을 한 결과라고 가정한다. 그리고 이런 가정이 들어맞는 경우는 많다. 내가 아마존에서 책을 한 권 산다. 그것은 그 책을 원했기 때문이고 값을 치를 만하다고 생각했기 때문이다. 비용이 그 값어치를 넘어서는 지점까지 제품 가격이 오르면 소비자들의 구매는 줄어든다. 이런 예는 많다. 간단히 말해 표준적인 경제학은, 우리는 합리적이고, 우리 선택의 가치를 계산할 수 있고, 실수를 반복하지 않고, 감정과 여타 비인지적인 요소들로부터 부당하게 방해받지 않고서도 그렇게 할 수 있다고 가정한다. 합리적인 동물은 합리적인 경제적 동물이다.

이성은 어른이고 감정은 어린이라는 플라톤의 그림을 웨스틴은 '인간 마음에 대한 냉정한 견해'라고 불렀는데, 도움이 되는 말이다. 냉정한 견해는 상당히 영향을 끼쳐왔다. 인간의 공통적인 경험을 잘 설명해준다는 점에서 그 이유를 일부 찾을 수 있다. 우리 모두는 나중에 냉정하게 생각해보면 후회하게 되는 말이나 행동(또는 둘 다)을 한 적이 있다. 그런 적이 없다면, 그리스의 비극은 말할 것도 없고 컨트리 음악이나 블루스는 노래할 거리가 없어질 것이다. 열정이 우리를 이기는 일이 자주 일어난다. 바로 그런 일 때문에 플라톤이 그랬듯 우리는 감정을, 제어해야 하는 어떤 것이라고 생각하는 것이다.

그러나 냉정한 견해는 인간 경험 중 다른 부분들과는 전혀 들어맞지 않는다. 특별히 두 가지 사항을 여기서 고려해보아야 한다. 첫 번째 고려 사항은, 행복해지기 위해서 냉정한 이성의 마부 혼자 인도하게 한다면 운이 안 따른다는 것이다. 평균적인 인간은 냉정한 이성의 마부로 태어나지 않았다. 우리는 냉정한 이성을 가진 사람이 아니다. 사람들은 선거에서 후보자가 당선돼도 전혀 영향력을 행사할 수 없는 공약이지만 단순히 그 공약이 자신과 감정적으로 공감할 수 있다는 이유로 그 후보자에게 투표한다(예컨대, 자기 지역 선거에서 다른 주의 동성 커플 결혼 허용 문제에 대해 후보자가 취하는 입장을 보고 투표한다). 아마존닷컴과 같은 기업들은 특정 금액 이상을 구매하면 무료 배송을 해주는 정책으로 엄청난 성공을 거두었다.

사람들은 순전히 무료 배송을 받기 위해 무료 배송으로 절약한 비용보다 더 많이 구매한다. 이런 예는 많다. 행동경제학자 댄 애리얼리는 인간이 여러 상황에서 저지르는 비합리적인 행동은 실제로 예측 가능하다고 말했다. 우리가 저지르는 실수들은 무작위로 일어나는 것이 아니라 평균적인 인간이라면 누구나 그렇게 행동할 정도로 아주 깊은 곳에 내재되어 있다는 것이다.[6] 우리는 할 수 있는 것만 해야 한다. 그러나 대부분의 평범한 사람들에게는 냉정한 이성이 없으므로, 우리 모두 냉정한 이성을 가져야 한다는 플라톤의 명령은 우리의 능력을 넘어서야 한다는 점에서 비현실적이다.

두 번째 고려 사항은 더 심각하다. 우리는 냉정한 이성을 가지고 있지 않을 뿐만 아니라 만약 가지고 있다면 매우 나쁜 결과가 생길 것이기 때문이다. 이것은 모든 사람들이 어느 정도 경험하는 것이기도 하다. 냉정하고 다른 사람을 배려하지 않는 사람을 친구나 직장 상사나 연인으로 삼고 싶은 사람은 거의 없을 것이다. 우리 대부분은 냉정한 사람이 행복하다고 생각하기는커녕 외로운 사람, 심지어는 건강하지 않은 사람으로 생각한다.

그러나 감정이 부족한 사람은 사회생활에만 해로운 것이 아니다. 신경과학자 앤토니오 다마지오의 유명한 주장에서도 드러나는데, 특정 유형의 감정 능력이 부족한 사람은 이성이 심각하게 손상된다. 다마지오의 연구에 따르면, 감정이 하는 일 중 하나는 '지표' 또는 '내적인 안내자'를 제공하는 것이다.[7] 다시 말해, 느낌은 우리와 우리가 사는 환경을 여러 방식으로 연결해주는 지표 기능을 한다. 그것이 없으면 환경에서 합리적인 방식으로 살아가는 능력이 떨어진다. 다마지오는 뇌 부위 중 감정과 의사 결정에 관여한다고 알려진 전두엽이 손상된 환자를 설명하는데, 이 환자는 언제 약속을 해야 할지와 같은 간단한 약속을 하는 데도 큰 어려움을 겪는다고 한다. 결정을 안내할 감정적인 지표가 없다면 선택 가능한 모든 것들의 유용성을 하나씩 하나씩 재어보는 수밖에 없다. 간단히 말해서 감정이 없다면 실천적인 추론 능력도 줄어든다.

이런 종류의 사례들 중에서 가장 놀라운 것은 신경과학 관련 문헌에서 가장 유명한 환자이기도 한 피네아스 게이지다. 1848년 건설 현장 감독이었던 게이지는 끔찍

한 사고를 당했다. 폭발로 날아온 쇠막대가 그의 두개골을 꿰뚫어버린 것이다. 다행히 그는 목숨을 건졌고 빨리 회복했다. 그의 지적 수준과 기억력은 그대로인데, 감정적인 삶은 사고의 결과로 완전히 바뀌었다. 그는 관심을 보이는 것에 대해 더 이상 지속적으로 감각하지 못하게 된 것이다. 대상이 무엇이든 그 느낌이 똑같기 때문에 지속적인 관계를 맺거나 계획을 세우는 일 같은 것을 할 때 어려움을 겪었다. 합리적인 선택을 하는 능력이 극단적으로 떨어진 것이다. 한마디로 말해서 그의 삶은 무너졌다

다마지오가 신경과학에 끼친 공헌은 많은데 그중 한 가지는 현대판 피네아스 게이지를 기록한 점이다. 다마지오는 이 환자를 엘리엇이라고 불렀다. 양성 뇌종양 환자인 엘리엇에게 종양이 생긴 위치는 게이지의 두개골을 꿰뚫었던 막대가 손상한 뇌 부위와 같았다. 게이지와 마찬가지로 엘리엇의 정서적 삶은 정상이 아니었다. 아니 완전히 없어져버렸다. 그는 침착했고 세상사에 별로 관심이 없는 것처럼 보였다. 그는 IQ 테스트에서 높은 점수를 받았고, 계산과 추상적인 주제에 대한 토론도 잘했다. 그러나 다마지오의 표현을 빌리면, 그는 '무관심한 어조

로 삶에 접근하는' 것 같았다.[8] 그리고 게이지와 마찬가지로 그는 감정에 의한 일 처리 능력이 없기 때문에 결정을 내리거나 삶의 계획을 세울 수 없었다. 자신을 인도할 감정이 없이는 어떤 것이 더 가치 있는지 판단을 못 내리는 것이다.

다마지오도 강조하고 싶어 한 것처럼, 이런 사례들은 감정이 그냥 삶에서가 아니라 이성적 삶에서, 곧 무엇을 하고 무엇을 기대할지에 대해 추론할 수 있는 능력에서 중요한 일을 담당하고 있음을 보여준다. 그에 따르면, 상황에 대해 어떤 감정을 갖느냐는 '불확실한 미래를 예측하고 그에 따라 행동을 결정하는 만만찮은 일을 할 때 도움을 준다.'[9] 물론 똑같은 감정이 우리의 반응을 왜곡할 수도 있고, 위협을 과대평가하고 문제를 과소평가하게 만들 수도 있다. 그러나 게이지와 엘리엇 사례가 말해주는 것처럼 현실의 의사 결정 문제를 해결하는 능력은 감소하거나 완전히 사라진다.

나는 이성이라는 단어를, 왜 우리가 믿어야 하거나 행동해야 하는지 설명하는 어떤 것을 의미하는 것으로 써 왔다. 이런 의미에서 보자면 느낌과 감정적 반응도 이유가 될 수 있다. 물론 나쁜 이유일 때가 많다. 동료를 험담한 이유가 그의 성공을 질투하기 때문이라면 그것은 좋은 이유가 못 된다. 그렇지만 훌륭한 이유가 될 때도 있다. 아이에 대한 맹목적인 사랑은 아이의 삶을 풍요롭게 할 훌륭한 이유가 된다. 물론 다른 이유들처럼 정서적 이유도 무시될 수 있다. 딸에 대해 맹목적으로 사랑한다고 해서 딸이 다른 아이의 장난감을 뺏게 내버려두어서는 안 된다. 이렇게 볼 때 어떤 감정은 단순히 '비이성적'이기만 한 느낌이 아니라 인지적 요소를 포함하고 있어서 합리적으로 평가될 수 있다. 실제로 가정교육이나 사회적 규범으로는 금지된 일이지만 우리의 느낌으로는 해야 할 이유가 있을 때가 있다. 마크 트웨인의 《허클베리 핀》이 훌륭한 보기가 될 것이다. 소설의 한 대목에서 허크는 도망 노예인 친구 짐을 경찰에 신고해야 할지 말지를 고민한다. 허크는 노예 제도가 도덕적으로 정당하며 노예가 주인으로부터 도망치는 것은 옳지 않다고 교육받았기 때문이다. 이런 사회적 규범은 그의 세계관에 깊이 배어 있어서 그의 양심의 일부가 된 것이다. 그러나 허크가 친구 짐을 좋아하는 감정이 더 크기 때문에 그는 '자신이 옳다고 알고 있는' 것을 행동으로 옮길 수 없었다. 그 결과, 허크는 스스로를 아주 사악한 인간으로, 또 자신이 도덕적 의무라고 생각한 것을 행동으로 옮기지 못하는 나약한 인간으로 인식한다. 그는 죄책감을 느끼는 것이다. 허크가 깨닫지 못한 것은 (그리고 독자들이 깨달은 것은) 짐에 대한 그의 감정은 짐을 신고하지 않을 훌륭한 이유라는 사실이다. 실제로 그가 그런 감정을 가지고 있기 때문에 그는 노예 제도가 도덕적으로 정당하다고 그에게 가르친 어른들보다 더 합리적이라고 말할 수 있는 것이다.[10]

지금까지 살펴본 플라톤의 이성관은 강력하긴 하지만 지나치게 간소화된 그림이다. 인간은 냉정한 이성을 가지고 있지 않으며, 그 편이 오히려 도움이 된다. 이와 같은 이유 때문에 우리는 이성과 감정의 관계 그림에서 다른 쪽으로 이동할 것이다. 그것은 여러 방식에서 플라톤의 견해와 정확히 반대다. 하지만 그 견해도 플라톤의 견해가 저지른 결정적인 실수를 똑같이 저지른다는 것을 앞으로 살펴볼 것이다.

3. 손가락 까딱하기

이성과 감정에 대한 플라톤의 그림에 대해서는 18세기 스코틀랜드 철학자 데이비드 흄이 제기한 반론이 여전히 가장 유명하고 가장 날카롭다. 인간은 이성이 아니라 그가 '정념'과 '감정'이라고 부른 것에 의해서 지배된다는 것이 흄의 견해다. 흄은 자신의 주장을 그다운 필치로 생생하게 표현한다. "이성은 정념의 노예이고 노예여야 한다. 이성은 정념을 위해 시중들고 복종하는 것 말고는 다른 어떤 일도 탐낼 수 없다."[11]

이성과 감정에 대한 흄의 그림은 내가 위에서 도 하나의 영향력이 있는 사상이라고 말한 것이다. 한 가지 측면에서 플라톤의 이미지와 정반대 쪽에 서 있다. 흄에 따르면, 우리를 행동하게 하는 것은 이성이 아니라 감정이다. 이 생각을 이런 식으로 표현해볼 수도 있는데, 곧 이성은 수단을 결정하는 데만 기여할 수 있고 행동의 목적을 결정하는 데는 기여하지 못한다. 이성은 "네가 x를 원한다면 y를 해라."라고 말해줄 수 있다. 그렇지만 정념이 없다면, 욕망이 없다면, 이성은 무기력할 뿐이다. 이성과 경험은 정보를 줄 수 있지만 우리가 어디로 가고 싶어 하는지 말해줄 수 없다. 말하자면 우리가 지도 위의 어디에 있는지 말해줄 수 있지만 우리를 소파에서 일으켜 문 밖으로 나가게 할 수 없다. 이런 이유 때문에 우리는 욕망, 감정, 정념이 필요한 것이다. 우리는 그것을 원해야 한다.

흄이 보기에 이성이 있어야 할 곳은 수학과 논리학이다. 그가 생각하기에 이런 학문들은 세계에 대해서 말해주는 바가 없고 '관념들 사이의 관계'에 대해서만 말한다. 반면에 감각 경험은 우리 주위에 있는 세계에 대해서 말하지만(또는 그렇다고 주장하지만), 흄은 이것의 단점도 말하는데, 우리가 이런 경험으로부터 끌어내는 추론은 합리적으로 정당화되지 않는다는 것이 그것이다. 그런 추론들 대부분, 이를테면 과거에도 날마다 해가 떴으므로 내일도 해가 뜰 것이라는 추론은 '습관과 버릇'의 산물이라는 것이 흄의 생각이다. 그리고 무엇을 해야 할지 결정해야 할 때, 다른 말로 가치판단을 해야 할 때, 이성의 역할은 극도로 제한되어 있다. 가치의 문제는 머리가 아닌 가슴이 담당해야 하는 문제다.

흄은 욕구와 정념은 이성과 관련이 없기 때문에 이성에 의해서 평가할 수 없다고 생각한 듯하다. 그는 대담하게 말한다. "내 손가락에 상처가 나는 것보다 차라리 세계가 망하는 것을 바란다고 해서 이성에 반하는 것은 아니다. (……) 나에게 더 좋은 것보다 차라리 덜 좋은 것을 바란다고 해서 이성에 반하는 것은 아니다."[12] 그리고 흄은 무엇인가를 바라는 것은 그 자체로는 이성에 의한 것도 이성에 의하지 않은 것도 아니라고 말했다. 그냥 무엇인가를 바라는 것뿐이다. 나는 느끼거나 느끼지 않을 뿐이다. 내가 손가락을 까딱하면 세상을 구할 수 있는데도 그렇게 하지 않는다면 겁쟁이일 수도 있고, 사악할 수도 있고, 절망감에 빠졌을 수도 있다. 하지만 그 자체만 놓고 보면 비이성적인 것은 아니다. 다른 대부분의 사람들과 다르게 느꼈을 뿐이다. 그러므로 내 손가락을 까딱거려 세상을 구하게 하고 싶으면 이성의 빛에 눈 뜨게 하는 방법으로는 안 된다. 내가 느끼는 방식을 막아야 한다. 더 적절한 표현으로는, 느끼기 시작하도록 해야 한다. 다른 모든 사람들에게 관심을 갖기 시작하도록 해야 한다.

흄의 저술에서 이 주제는 광범위하게 다뤄지며 세세히 들여다보면, 아주 복잡하고 논란거리가 많다. 그럼에도 내가 지금까지 큼직큼직한 필치로 그려낸 그림은, 흄이 실제로 그런 생각을 했든 안 했든 일반적으로 흄적인 것으로 이해된다. 이 그림은 플라톤의 그림을 툭 쳐서 위아래를 뒤집어놓는다. 흄의 그림에서 감정은 위에 있고 이성은 아래에 있다. 우리를 행동으로 옮기게 하는 것은 이성이 아니라 정념이며, 우리 삶의 감정적 측면들, 곧 느낌이나 욕구 등은 이성적인 평가의 범위에서 벗어나 있다. 말하자면 감정은 노예인 이성이 입술을 여는 것을 결코 허용하지 않는다.

대충 그려보긴 했지만 흄적인 그림은 훨씬 딱딱한 라이벌 플라톤의 그림에는 없는 매력이 있다. 그것은 현실적이라는 것이다. 그 자체로 볼 때, 사람들이 실제로 살아가는 방식과 조화를 더 잘 이루는 것 같다. 감정과 이성에 대한 흄의 견해를 우리가 지금 자연스럽게 받아들이는 것을 보면, 현대의 지적인 문화에 그가 끼친 영향이 어느 정도인지 짐작할 수 있다. 그러나 이성과 감정에 대한 플라톤의 그림에서도 그랬던 것처럼 흄의 견해도 극단까지 진행되는 것을 경계해야 한다.

감정은 이성적으로 평가될 수 없다는 주장을 생각해보자. 이것은 제대로 해석하지 않으면 수긍하기 힘든 주장이다. 저녁 식사 도중 실수로 상대방의 옷에 와인을 엎질렀다고 상상해보자. 그가 소리를 지르고 일어나서 뛰쳐나갔다고 해보자. 점잖게 표현하면 그것은 적절치 못한 행동이다. 여기서 주의할 것이 있다. 적절하지 못한 것은 행동만이 아니다. 그가 표출한 화도 적절하지 못하기 때문이다. 그런 상황에서 불쾌감을 가볍게 표시하는 것 정도는 용인되지만 심하게 화를 내는 것은 그렇지 못하다. 만약 그가 혼자서만 씩씩거렸다면 그것도 몰상식하다. 실수한 사람은 더 오싹할 것이기 때문이다. 그런 상황에서는 화의 표현 방법뿐만 아니라 화 그 자체도 적절하지 못하다. 그 사람은 그렇게까지 화낼 이유가 없다고 우리는 평가하고 있다.

우리가 어떤 감정과 관련해서는 '적절하지 못하다'나 '몰상식하다'와 같은 단어를 쓰고 다른 감정(예를 들어 사랑하는 사람이 죽었을 때의 비통함 같은 것)에 대해서는 적절하다고 한다는 사실은 흄의 그림이 보여주는 문제가 단순하게 생각할 때보다 훨씬 복잡하다는 것을 말해준다. '감정'이라는 말은 실제로는 광범위한 영역의 정신 상태를 가리키고 있다는 것도 그 복잡한 문제 중 하나다. 한편에는 아주 단순하면서도 틀림없이 보편적인 감정들이 있다. 두려움, 행복, 화, 슬픔, 놀람, 혐오와 같은 감정이 그런 것에 속한다.[13] 이런 종류의 감정들은 일부 심리학자들이 '정서 프로그램'이라고 일컫는 것으로, 의식적인 통제를 받지 않는 메커니즘 때문에 널리 공유되는 반응을 가리키는 표현이다. 하지만 우리가 감정이라고 부르는 것 중에는 훨씬 복잡한 상태도 있다. 분개가 그런 보기이고, 후회도 그런 예다. 이런 정신 상태는 정서적인 요소와 인지적인 요소가 복합되어 생긴 것처럼 보인다.

우리 대부분은 감정이 수동적이며 우리 의지의 통제를 받지 않는다는 데 동의한다. 그런데도 우리는 여전히 감정을 평가하며, 감정을 가진 사람이 책임이 있다고 주장하곤 한다.[14] 저녁 식사 자리에서 화낸 사람을 다시 예로 들면 그 사람은 비난받을 수 있다. 사소하고, 일부러 그런 것도 아닌 일로 그렇게 화내는 것은 몰상식하다고 말이다(물론 상대방을 괴롭히기 위해 오래전부터 계획해서 와인을 엎질렀다면 이야기가 달라진다). 또 그 사람의 예의 없는 행동에 책임을 물어야 한다고 주장하기도 할 것이다. 그래서 다시는 저녁 식사에 초대하지 않을 것이다.[15]

흄의 그림에 이처럼 복잡한 면이 있음을 지적하면서도 그 그림은 여전히 옳다고 말할 수 있다. 모든 동기에는 감정적인 요소가 있지만, 그렇다고 해서 합리적인 추론을 하거나 증거에 근거해서 믿음을 형성하는 능력이 의미 있는 역할을 하지 않는다고까지 말할 필요는 없기 때문이다. 모든 실천적 판단에 감정이 관여한다는 주장은 적절하지만 이성은 전혀 관여하지 않는다는 주장은 적절하지 않다.

우리에게 목적을 주는 것, 다시 말해 무엇이 가장 중요한지를 알려주는 것은 정념이고, 그런 목적을 달성할 수단을 알려주는 것은 이성이라는 흄의 생각도 수긍할 수 있다. 그렇다고 해서 그 목적을 비판할 수 없다고 생각해야 하는 것은 아니다. 예컨대, 다른 사람의 고통에 무관심한 사람은 바로 그 무관심 때문에 비판받을 수 있다. 사람들이 갈망하는 것 중에는 어떤 정당화도 필요 없는 욕구가 있다. 아쉽게도 사람들은 그 사실을 알아차리지 못하지만 말이다(알아차리는 것은 능력 밖인지도 모른다). 간단하게 말해, 우리는 감정이 의사 결정에서 중심적이고 강력한 역할을 한다는 것을 인정하면서도, 우리에게 무슨 일인가를 하도록 실제로 동기를 주는 감정이 반드시 동기를 주어야 하는 감정인 것도 아니며 그 반대도 아니라고 주장한다. 더구나 이런 당연한 진리를 인정하기 위해서, 사실을 냉정하게 파악하기만 하면, 다시 말해서 플라톤 식의 절대적인 이성만 있으면 반드시 동기가 주어지는 행동이 있다는 생각에 기댈 필요는 없다.[16] 우리가 어떤 심리를 갖든 우리에게 권위가 되어 행동하지 않을 수 없게 만드는 이유를 산출하는 초능력의 산물인, 그런 행위가 있다. 그렇지만 내가 지금까지 말한 것으로는 그런 결론을 끌어낼 수도 없고 나도 그런 시도를 하지 않을 것이다.

서로를 비추는 거울 이미지처럼 이성과 감정의 관계에 대한 원형 그대로의 플라톤과 흄의 그림은 모양이 정반대다. 그런데도 똑같은 결점을 가지고 있다. 그 둘은 이성과 감정을 실제와 달리 독립적으로 다루고 있다. 플라톤의 생각은 감정 없이도 지낼 수 있다고 (그래야 추론도 더 잘하고 더 훌륭한 사람도 될 수 있다고) 잘못된 그림을 그린다. 복잡하게 해석되기 전의 흄의 생각은, 감정은 이성적으로 평가될 수 없다고 주장한다. 진실은 그것보다 훨씬 복잡하다. 이성과 감정 모두 주인도 아니며 노예도 아니다. 그 둘은 훨씬 더 밀접하게 엮여 있고 훨씬 더 동등하다.

4. 직관 : 척 보면 아는

어떤 문제를 딱 보기만 하면 해결 방법을 바로 아는 놀라운 능력을 가진 사람들이 있다. 아주 복잡한 기계를 설명서도 보지 않고, 잠시 생각하지도 않고, 조립하거나 분해할 수 있는 사람들이 있다. 다른 사람들은 책상에 앉아 한참을 풀어야 하는 수학이나 논리학 문제의 답이 '눈에 보이는' 사람을 나는 알고 있다. 그리고 심리학자들에 따르면, 우리 모두는 다른 사람들이 느끼는 것을 얼굴을 통해 즉각 읽어낼 수 있는 능력인 감정적 직관을 어느 정도씩 가지고 있다.

이 장 맨 앞에서 두 가지 실험을 설명했다. 그중 두 번째 실험은 정치적으로 열성적인 사람과 뇌의 활동에 대한 연구를 놓고 감정과 이성 사이의 관계를 논의한 것이었다. 그러나 '경쟁력'에 대한 즉각적인 판단과 선거 결과 사이의 놀라운 연관성을 보여준 첫 번째 실험은 감정과 이성 사이의 관계와 관련해 또 다른 문제를 제기한다. 직관과 이성 사이의 관계가 그 문제다. 특히 이 문제는 철저히 생각하는 것과 직관적 또는 무반성적으로 판단하는 것 중 어느 쪽을 더 신뢰할 수 있냐는 문제를 제기한다.

칸트와 앙리 베르그송를 포함해 많은 철학자들은 직관이 세계에 대해 배우는 단 하나의 특별한 방법이라고 생각했다. 이런 견해에서 직관은 사물의 본성을 인식하는 것으로 간주된다. 2+2=4와 같은 수학적, 논리학적 직관의 경우에 그 적이 잘 드러난다. 그런 명제들은 그냥 참인 것처럼 보인다. 척 보면 그것이 참이라고 '보이는' 것이다.

그러나 직관과의 비유를 더 깊게 하지 않는 이유가 적어도 두 가지 있다. 첫 번째 이유는, 특별한 종류의 지각이 있다는 것은 특별한 종류의 기관이 있어서 그것이 지각에 관여하도록 진화했다는 뜻이기 때문이다. 하지만 직관을 맡는 그런 기관이 있다는 증거는 없다(그렇다고 해서 우리가 직관을 갖는 진화적인 설명이 가능할 수 있다는 것을 부인하는 것은 아니다. 다만, 단일하고 생물학적으로 통일된 지각 시스템이, 이를테면 시각 체계와 아주 비슷한 방식으로 존재해서 그것을 가지고 직관을 설명하는 것을 부인하는 것이다). 그러므로 직관을 일종의 특별한 시각이라고, 말하자면 마음의 내부의 눈이라고 글자 그대로 생각하는 것은 생동감 있는 비유이긴 하지만 오해의 소지가 있다. 두 번째 이유는, 우리가 직관적이라고 생각하는 다양한 명제와 생각들은 (집합에 대한 명제부터 내가 만나는 사람이 나에게 매력을 느끼는지 아닌지 하는 생각까지) 너무 넓어서 어떤 단일한 범주로 묶기가 어렵다는 사실이다. 직관은 즉각적인 시각적 판단과 수학적 통찰을 모두 아우르는 광범위한 현상이다.

그러므로 직관을 일반적으로 정의해보라고 한다면, 내 생각에 우리가 말할 수 있는 최선의 것은 다음과 같다. 우리가 어떤 것을 생각할 때 그 이유를 모르면서도 믿을 만하다고 생각하는 것이 직관이다.[17] 이런 정의는 믿음을 가지고 직관을 정의하지 않고서도 믿음과 직관을 연결한다. 어떤 것을 직관한다는 것은 우리가 직관하는 것에 대한 믿음이 꼭 없더라도 믿을 만하다고 생각하는 것이기 때문이다.[18] 우리가 어떤 것을 믿을 만하다고 생각하는 까닭은 그것을 지지하는 명백한 증거 때문이 아니다. 직관은 그 근원이 명백하지 않은 것이다. 우리는 무엇 때문에 그 명제를 믿을 만하다고 생각하는지 모른다. 특정 지각이나 기억, 증언, 또는 일상적인 증거 때문에 믿을 만하다고 생각하는 것 같지는 않다. 심리학자 조너선 하이트에 따르면, 직관적 판단은 '그 판단을 한 사람이 판단하게 만든 심적 과정에 대해 전혀 알지 못하면서 의식 속에서 갑자기 힘들이지 않고' 나타난다는 것이 특징이다.[19] 옳은 말인 것 같다. 위조 예술품에 대해서 흥미 있는 연구를 한 토머스 호빙은 20세기 초반의 위조품 감식가이며 미술사가인 버나드 베렌슨 이야기를 꺼냈다.

> 그는 가끔 동료들을 허탈하게 한다. 특정 작품이 잘못 손질되었거나 위조품이라는 오명을 씌우기 위해서는 아주 작은 흠집이나 일관되지 않은 부분을 명확하게 집어내어 분명히 말할 수 있어야 하는데, 그런 능력이 없기 때문이

다. 실제로 베렌슨은 재판에서 전문가로서 증언할 때 배가 아프다고만 말한 적이 있다.[20]

이런 위조품 감식가 사례는 재미있는 가능성을 보여준다. 우리가 무엇인가를 직관하고 있다고 생각할 때, 그 판단의 원인을 모른다. 하지만 그런 원인은 시각 경험과 기억처럼 더 일상적인 증거들의 복잡한 상호작용에 의해 생겼을 가능성이 크다. 예술 전문가가 전문가인 까닭은 수많은 작품을 보았기 때문이고, 또 패턴을 찾고 세세한 것을 기억하는 능력이나 대상들 사이의 연관성을 알아차리는 능력이 뛰어나기 때문이다. 그런 정보들은 누구나 사용하는 대부분의 정보들처럼, 뇌의 아주 깊은 곳에 있는 선반에 저장되어 있어서 의식이 쉽게 접근할 수 있는 것이 아니다. 전문 지식은 마이클 폴라니가 주제에 대한 암묵 지식[21]이라고 부른 것이 엄청나게 많이 쌓인 후 계발된 것이다. 전문가는 자신이 하는 일에 대한 이론 없이도 (또는 이론을 세우려고 노력조차도 안 하고서) 자신의 전문 영역에서 직관적인 판단을 할 수 있다. 단지 '척 보면 아는 것'인데, 어떤 초자연적인 힘이 있어서가 아니라 엄청난 양의 암묵 지식을 쌓았기 때문이다. 실제로 우리 모두는 자신의 전문 영역이 아닌 곳에서도 꽤 많은 암묵 지식을 가지고 있다. 촘스키를 비롯해서 여러 학자들은 수십 년 전부터 우리의 문법 지식은 대부분 암묵적이라고 주장해왔다. 우리 모두는 문법 규칙을 정확하게 말로 표현할 수 없고 경험적 중요성을 이해하지 못하는데도 그것을 활용하는 것이다. 우리는 문법 규칙을 직관적으로 활용하고 있다.

그러므로 직관은 신비로운 것도 아니고 초자연적인 것도 아니다. 통일된 현상이라고 보기도 힘들다. 우리가 '직관'이라고 일컫는 모든 것들에서 유일하게 공통적인 특징은 그 하나하나가 그 이유를 모르면서 우리가 믿을 만하다고 아는 어떤 것이라는 점이다. 그리고 이 말은 내가 직관하지 못하는 것을 당신은 할 수 있다는 것을 뜻한다. 당신이 믿을 만하다고 직관하는 것을 나는 믿을 만하다는 것을 모를 수 있다. 또 내가 믿을 만하다고 알면서 그 이유까지 알 수도 있는데, 내가 문법 규칙에 대해 아주 조금 아는 경우가 그런 예다. 직관은 초자연적인 것이 아니다. 사람마다 다른 사적인 일일 뿐이다.

직관은 감정처럼 이성과 분리되지도 않고 독립적이지도 않다. 이 점을 보여주는 것은 여러 가지가 있다. 그중 한 가지는 직관에 대해 지금까지 제시한 분석이 옳다면, 우리의 직관 중 상당 부분은 직관하는 사람도 알지 못한 채 경험에 의한 귀납, 관찰, 연역처럼 반성적이고 의식적인 처리를 할 수 있는 근원의 결과일 수 있다는 사실이다. 이런 근원들이 의식적으로 적용된 것은 전형적인 이성이다. 만약 그렇다면, 직관적인 판단의 인과적인 토대가 막후에서 일어난다고 해서 반드시 그 토대가 비이성적일 필요는 없다. 그렇게 생각하지 않는다면 의심스러운 두 가지 가정을 채택해야 한다. 그 가정이란, 첫 번째는 합리적인 인지가 필연적으로 의식적이라는 것이고, 두 번째는 직관적인 판단의 인과적 토대는 필연적으로 반성을 활용할 수 없다는 것이다. 두 가정 모두 정당화되지 않는다. 두 번째 가정이 정당화되지 않는다는 것부터 말해보자. 내가 이미 말한 것처럼, 가령 문법에 대해서, 예술 작품의 위조 여부에 대해서, 수학 명제의 진리성에 대해서 어떤 사람들이 직관적으로 내리는 판단은 어떤 규칙을 의식적으로 적용해서 숙고를 통해 내리는 것도 가능하다. 그렇지만 이런 말은 어떤 사람들은 직관에 의해서 무엇인가를 믿을 수 있고 어떤 사람들은 할 수 없다는 뜻인데, 모든 사람들이 이미 알고 있는 내용이다. 첫 번째 가정, 곧 합리적 사고가 필연적으로 의식적이라는 가정도 정당화되지 않는 것 같다. 우리가 관심을 보이는 대부분의 정당화와 설명은 의식적인 반성에 의해 접근할 수 있는 것들이다. 그렇지만 설명과 정당화 과정이 우리의 주의를 끌지 못한 채 일어날 때도 있다고 생각하지 못할 것은 무엇인가? 만약 그렇다면 그런 과정의 결과는 위에서 말한 최소한의 의미에서 직관으로 간주할 수도 있다.

더구나 우리의 직관은 감정적인 경험과 마찬가지로 합리적으로 평가될 수 있다. 특히 우리의 다른 믿음이나 직관들과 정합적이냐, 비정합적이냐에 따라서 판단될 수 있다. 예를 들어, 나는 어떤 명제도 참이면서 동시에 거짓일 수 없다는 직관을 가지고 있다. 그러면 "이 명제는 거짓이다."라는 명제는 참이라고 해야 할까, 거짓이라고 해야 할까? 거짓이면 참이고, 참이면 거짓이다.* 이런 역설은 우리의 직관들이 서로 부딪칠 수 있다는 것을 보여준다. 그럴 때 우리는 부딪히는 직관들을 더 정합적으로 만들기 위해 조정할 방법을 찾는다. 도덕적 딜레마의 경우에 이 점이 가장 두드러지게 나타난다. 무고한 사람 한 명을 죽임으로써 악당이 죽이려고 한 무고한 사람 열 명을 살릴 수 있다고 가정해보자. 그렇게 할 것인가? 대부분의 사람들은 어떤 대답을 하든 직관들이 충돌한다고 느낀다. 먼저 무고한 사람을 죽이는 것은 그르다고 느낀다. 그러나 우리가 막을 수 있었는데도 열 명의 사람을 죽게 하는 것 역시 그르다고 느낀다. 대부분의 사람들은 이와 같은 딜레마를 만나면 그 가설적인 설정에 대해 묻고 싶은 충동을 크게 느낀다. 만약 한 사람을 죽이면 그 악당이 열 사람을 살려주겠다는 약속을 확실히 지킬 것인가? 그 사람들은 정말로 무고한가? 그 외에도 많다. 이런 질문을 던지고 싶은 충동은 이해된다. 우리의 이성이 원리에 충실한 대답을 내놓을 수 있도록 상황을 정확히 파악할 지점을 찾는 시도이기도 하고, 직관들의 상충을

■ '이 명제는 거짓이다.'가 거짓이면 스스로가 거짓이라고 옳게 말했으므로 참이고, 참이라고 한다면 스스로가 거짓이라고 말하는 것이 옳으므로 거짓이다. 역주

진정으로 해소하려는 시도이기도 하기 때문이다. 도덕 판단에서 이성의 역할에 호의적이지 않은 심리학자 조너선 하이트마저도 인정하는 것처럼, 상충하는 직관들을 조율할 때 이성이 역할을 한다.[22]

요약하자면, 직관은 이성과 완전히 분리된 것이 아니다. 직관 그 자체가 전형적인 합리적 믿음이 근원이 되어 생긴 결과물일 수도 있으며, 직관 그 자체가 합리적인 정합성을 기준으로 평가될 수도 있다. 바로 이 점이 보토로프와 그와 유사한 연구들이 상당한 성과를 거두었음에도 이성의 역할을 부인하지 못하는 까닭이다. 그들이 보여준 것은, 많은 사람들이 누구에게 투표할지 결정할 때 극단적으로 빠르게 판단할 수 있는 요소에 근거한다는 사실이다. 인지적 발견법 같은 것, 다시 말해 사람들이 다른 사람을 초스피드로 판단할 수 있게 하는 일종의 지름길 같은 것이 작동 중인지도 모른다. 하지만 그런 것이 있다 하더라도, 정책을 토대로 해서 누군가에게 반대표를 던지기로 이미 결심한 사람이 그 사람의 얼굴을 보고 반드시 마음이 흔들린다고 말하는 것은 아니다(토도로프 자신도 그런 의도로 말하지 않았다). 물론 유명 정치인의 경우에는 그런 가능성이 여전히 있을 것이다. 또 추후에 입수할 독립적인 정보(이를테면 투표자가 관심 있어 하는 사안에 대해서 후보자가 표결한 기록)에 대한 사람들의 판단이 투표장에서의 결정에 아무 영향을 끼치지 않는다고 말하는 것도 아니다.

정리하면, 가치에 대한 결심까지 포함해서 우리의 많은 결심들이 '아주 흔하고 아직 연구 중인 직관 과정'에 의해 이루어진다고 해서 그 결정 과정에서 이성이 아무 역할을 못한다는 뜻은 아니다.[23] 거꾸로 이성이 판단 과정에서 중요한 역할을 한다고 해서 이성이 그 무대에서 유일한 스타라고 생각해서는 안 된다. 감정뿐만 아니라 직관과도 함께 무대에 오르는 것이다.

5. 이성이 없다면?

지금까지 이야기를 종합해보면, 이성을 옹호한다고 해서 우리가 직관을 쓰지 않는 냉정한 로봇이라는 생각을 옹호하는 것은 아니다. 내가 '이성'이라는 말로 설명하고 정당화하는 능력, 더 좁게는 우리의 아주 기본적인 믿음의 방법—관찰과 논리적 추론—을 이용해서 정당화하는 능력을 뜻했음을 기억한다면 이것은 놀랄 일이 아니다. 이런 이성 개념은 중립적이다. '이성'이 언제나 우리의 정신적 전차를 모는 마부일 필요는 없다는 것이다. 내가 이미 말한 것처럼, 이성이 감정을 평가할 수 없다는 뜻도 아니다. 이성이 정당화 과정에 참여할 수 있고, 정당화되지 않는 감정이나 직관도 있을 수 있고 정당화되는 감정이나 직관도 가능다면, 감정과 직관은 합리적으로 평가될 수 있는 것이다. 게다가 이런 생각은 오직 인간만이 이유를 제시하고 물을 수 있는 능력이 있다는 생각에 전혀 동조하지 않는다. 아마 다른 동물들도 그런 능력이 있을 것 같다. 하지만 이것은 이 책의 범위를 훌쩍 뛰어넘는 과학적 질문이니 덮고 넘어가자.

그러나 이성을 이런 직접적인 방식으로 정의하기만 해서는 숲에서 빠져나올 길을 찾을 수 없다. 서로가 서로를 정당화하는 사람이거나 이유를 제시하는 사람으로 생각한다고 해서 우리가 틀림없이 냉정하게 이유를 제시하는 사람이라고까지 말할 수는 없지만, 정말 중요할 때는 과학적 이성에 의한 추론이 무용지물이라고 생각할 수 있기 때문이다. '과학적' 이성으로 내가 의미하는 것은 앞서 좁은 의미의 이성이라고 말한 것이다. 과학자들이 실제로 사용하는 방법에서 나오는 증거들에 호소하는 것을 말한다. 그런데 그 증거에 따르면, 이런 종류의 이유들은 사람들이 현실 생활에서 내리는 판단과는 관련이 없지 않은가? "정치적 뇌는 감정적 뇌다."라는 웨스틴의 말이

맞는지 모른다.[24]

웨스틴은 또 다른 연구에서 쇼핑몰의 손님들에게 아부그라이브 포로수용소에 관한 가짜 뉴스를 들려주었다.[25] 이 뉴스는 언론에 보도된 실제 뉴스보다 자세했다. 가짜 뉴스는 미군 병사들이 이라크 포로 고문 혐의로 군사재판에 회부되는 과정을 상세하게 그렸다. 병사들은 상관들이 포로 고문과 관련된 규칙들이 바뀌었다고 믿게 했다고 항변했다. 웨스틴과 동료 연구자들은 다른 형태의 다섯 가지 이야기를 실험 참가자들에게 나누어주었다. 다섯 가지 이야기는 병사들이 자신의 주장을 지지하기 위해 동원하는 증거의 정도에 따라 달랐다. 증거가 전혀 없는 것도 있고, 보강 증거가 있는 것도 있고, 논의의 여지가 없는 명백한 메모도 있었다. 그러고 나서 미군과 인권에 대한 느낌을 묻는 질문서를 작성하게 했고, 그 다음에 이 병사의 주장이 정당하다고 믿는지 물었다. 이번에도 그 결과는 놀라웠다. 실험 참가자들에게 증거를 다양하게 제시했을 때는, 미군과 인권에 대한 그들의 느낌을 묻는 질문서의 답변을 토대로 연구자들은 참가자들의 판단을 84.5퍼센트 예측할 수 있었다. 하지만 증거가 제시되지 않고 미군과 인권에 대한 질문서의 '감정적인' 답변만 있을 때도, 참가자들의 판단을 84퍼센트나 예측할 수 있었다. 간단히 말해, 실험자에게 얼마나 많은 증거를 제시했느냐는 그들이 최종 판단을 내릴 때 아무 영향을 끼치지 않은 것처럼 보인다.

웨스턴 자신은 이 실험으로부터 두 가지 교훈을 끌어내고 싶어 한다. 첫 번째는 정치적인 교훈이다. 그는 미국의 보수주의자들이 인간은 이성이 아니라 정념에 의해 지배된다는 것을 오래전부터 알고 있었다고 생각한다. 반면, 자유주의자들은 '합리성에 대해 비합리적이고 감정적으로 수용하고' 있다. 다시 말해, 합리성을 수용하지만 유권자의 표심을 되돌리고 싶으면 언제든 포기할 수 있다. 더 넓게 이야기해보면, 보수주의자들이든 자유주의자들이든 정치인은 유권자의 환심을 사기 위해 지적인 호소가 아니라 감정적인 호소를 이용해야 한다는 것이다. 이 이야기의 타당성 여부는 웨스턴의 메시지 중 어떤 측면이 문제가 되는지에 달려 있다. 정치적인 의사 결정을 할 때 감정이 핵심적인 역할을 하는 것은 의심의 여지가 없지만 우리는 뇌 과학자가 그런 말을 해달라고 기대하는 것은 아니다. 우리가 지금 '수사학'이라고 일컫는 학문을 개척했던 고대 그리스의 소피스트들은 무엇보다 감정에 호소해서 논쟁에 이기는 법을 정치가들에게 가르치는 전문가였다. 그리고 정치가들은 그때 이후로 그런 기술이 효과가 있다는 것을 잘 알고 있다(정치 컨설턴트가 그 방법을 정치가들에게 코치하는 것은 그때 이후로 아주 수지 맞는 사업이라는 것 또한 사실이다).

웨스틴이 끌어낸 두 번째 교훈은, 사실 이게 더 재미있는데, 이 절을 시작할 때 했던 우려로 돌아가게 한다. 그는 이렇게 말한다. "정치적 결정에는 감정이 내포되어 있고 데이터에는 예술처럼 자의적인 해석의 여지가 조금이라도 있기 때문에, 이성은 의사 결정 과정에서 사실상 아무 역할도 하지 못한다."[26] 정치적 판단과 가치판단을 할 때, 인식적 이성은 인과적인 효과가 없다는 것이다.

물론 이 말이 들어맞는 경우들은 많다. 하지만 과도하게 일반화하는 것은 위험하다. 그 이유를 알기 위해서 아부 그라이브의 고문에 대한 사람들의 반응 이야기로 돌아가보자. 그 결과는 충격적이었다. 그러나 웨스틴이 데이터를 어떻게 해석하는지 주목해보자. 그는 사람들의 판단이 감정적인 요소의 결과이지, 그들에게 주어진 정보의 결과는 아니라는 것을 그 데이터가 보여준다고 주장한다. 하지만 콰인-뒤엠 가설이라고 알려진 유명한 판단 이론을 적용해서 이 결과를 다르게 해석하는 것도 가능하다. 이런 식이다. 우리의 믿음은 거미줄 또는 격자 모양의 구조를 띤다. 거미줄의 가닥들처럼 우리의 믿음도 연결되어 있다. 어떤 믿음들은 거미줄의 가장자리에 있는데, 그것들 중 하나를 바꾸면 믿음의 거미줄 구조는 아주 조금만 바뀐다. 그러나 믿음이 거미줄 중앙에 촘촘하게 얽히고설킨 가닥들이라면 이야기가 달라진다. 그중 하나를 바꾸면 거미줄 전체가 바뀐다. 따라서 사람들이 핵심 믿음들을 바꾸는 데 강력하게 반발한다는 것은 놀랄 일이 아니다. 우리 대부분은 본성상 보수적으로 추론하는 사람들인 것이다. 우리의 핵심 신념에 도전하는 것 같은 새로운 경험을 하게 되면 그 핵심 신념을 포기하지 않으려고 하는 것이 우리의 첫 반응이다. 경험이나 새로운 정보에 의심을 보내거나, 그게 안 되면 핵심 신념을 유지하기 위해서 우리의 다른 믿음들을 변경한다. 콰인의 다음 말은 유명하다. "기존 신념과 모순되는 경험에 비추어 진술들을 재평가해야 할 때 어떤 진술을 고를지는 선택의 여지가 많다."[27] 다시 말해 (웨스틴의 말대로) '예술처럼 자의적인 해석의 여지'가 언제든 있다. 사실 그 자체는 사물을 한 가지 방식으로만 바라보게 하지 않는다. "체계가 다른 곳에서 우리가 과감하고 충분하게 수정하면 무슨 일이 일어나도 어떤 명제든 참으로 유지할 수 있다."[28]

콰인-뒤엠 가설에 따르면, 이러한 일은 우리 모두 언제나 이성적으로 사유한다는 것을 보여주는 극단적인 사례다. 1960년대에 토머스 쿤이 잘 지적했듯 실제로 과학에서도 정확히 똑같은 일이 일어난다. 우리들 못지않게 과학자들도 목숨을 걸고 지키고 싶은 이론적인 신념이 있다. 그것들은 현대 과학 패러다임의 핵심을 형성하는 신념들이다. 그런 신념들에 대한 우리의 마음을 바꾸기 위해서는 그것과 모순되는 정보들이 엄청나게 많이 필요하다. 반면에 핵심 정보를 비판으로부터 '방패막이'로 쓰기 위해서라면 다른 문제들에 대한 견해는 기꺼이 바꾼다. 이 말은 웨스틴의 결과를 다르게 해석할 수 있다는 것을 뜻한다. 웨스틴의 연구를 다시 보면, 사람들은 어떤 사안의 한 가지 측면에 감정적으로 꽂히면 아무리 정보가 늘어나도 자기 마음을 바꾸지 않는다. 콰인-뒤엠 가설은 더 간단하게 설명한다. 핵심 믿음이나 신념, 곧 세계관의 중앙 근처에 있는 믿음이나 신념에 대해 사람들이 마음을 바꾸는 것은 아주 어렵다고 말이다. 웨스틴의 연구는 감정과 이성 사이의 극적인 격돌에 대해서 말하는 것이 아니다. 그것은 우리에게 깊이 뿌리박힌 기존 신념들과, 그것들과 충돌하는 것 같은 새로운 데이터 사이의 평범한 격돌에 불과하다. 미국은 포로를 고문하지 않는다는 믿음이 우리의 세계관에서 (어쨌든) 핵심적인 부분에 속한다면, 뉴스 하나를 들었다고 해서 마음을 바꾸지 않는다는 것은 당연하다. 핵심 신념을 바꾸려면 그것과 모순된 정보가 엄청난 양만큼 있어야 하기 때문이다. 콰인-뒤엠 분석은 이것이 당연하다는 것을 보여준다. 이것은 (콰인과 뒤엠이 애초에 관심이 있었던) 과학뿐만 아니라 일상생활에서도 이성적인 숙고와 판단이 작동하는 방식이다. 따라서 새로운 정보에 맞닥뜨렸을 때 우리가 완강하게 저항한다는 사실은 이성이 중요하지 않다는 증거가 아니다. 이성은 천천히 작동하는 일이 많다는 것을 보여줄 뿐이다.

우리가 새로운 데이터에 맞닥뜨렸을 때 우리의 믿음을 바꾸려고 하지 않는 이유를 콰인-뒤엠 가설이 설명해주기는 해도, 좁은 의미에서의 이성은 가치에 대한 의사 결정에서 아무 역할도 못한다는 반론은 여전히 유효하다고 생각할 수 있겠다. 가치에 대해 이성을 이용한 추론이 사후 정당화임을 보여주는 데이터는 상당히 많다. 우리는 먼저 직관적으로 판단하고, 나중에 그것에 대해 설명한다. 그리고 우리는 이런 사실이 믿음의 거미줄 안에서 의사 결정을 한다는 가설과 아주 잘 부합한다고 생각한다. 실제로 우리 믿음과 모순되는 정보가 있다고 직관적으로 판단하다가 나중에 우리의 체계를 수정하지 않을 원칙적인 이유가 있다고 (단순히 모순이 없다고 말하는 정도가 아니라) 주장하는 일이 종종 있다. 유명한 심리학자 조너선 하이트의 말처럼 우리는 '꼬리가 개를 흔드는' 착각에 빠져 있다. 꼬리에 불과한 이성을 가지고 도덕적 판단이라는 몸통을 흔드는 본말전도라는 것이다.[29]

나는 본말전도 견해에 대해서 두 가지 의견을 말하겠다. 첫 번째는, 아래에서 다시 말하겠지만 이 점이 맞는다면 그것은 도덕적 판단 이외의 영역까지 더 넓게 적용된다는 것이다. 내가 이미 말했듯 콰인-뒤엠 가설이 적용되는 영역은 넓다. 일반적인 인지 모두에 적용된다. 따라서 사후 정당화하는 추론의 위협은 언제나 우리 곁에 도사리고 있는 것이다(이 점은 곰곰이 생각해보면 누구나 쉽게 알 수 있다).

더 중요한 점은 본말전도 견해는 이성이 가치판단을 할 때 사후 정당화 역할만을 또는 대체로 그런 역할만을 한다고 주장한다는 점이다. 그러나 이 점은 명백해 보이는 사실과 부합하지 않는데, 그것은 사람들이 핵심 신념들을, 심지어 감정적으로나 직관적으로 꽂혀 있는 핵심 신념들마저도 실제로 바꾼다는 사실이다. 더구나 이런 변경 중 일부는 새로운 이유나 데이터를 인정하기 때문에 일어나는 듯하다.

미국인들의 인종에 대한 태도가 변하는 사례를 보자. 지난 한 세기 동안 미국인들이 인종과 관련된 수많은 사안들에 대해서, 특히 공공연한 차별 정책이나 법률의 공정성에 대해서, 우리가 기대하는 만큼은 아니지만 자신의 마음을 바꾸어왔다는 것은 의심의 여지가 없다. 이런 변화에 대해서 '집단 위협'이라고 감지된 것으로부터 생기는 태도 변화를 가지고 설명하는 것이 유력했다. 집단 위협론이란, 지배적인 집단의 구성원들은 피지배 집단의 구성원들로부터 받는 위협을 감지할 때 공공연한 차별적 행동을 더 잘 지지하고 거기에 가담한다는 주장이다. 집단 위협 현상은 차별이 변한다는 견해를 설명할 때 일정한 역할을 하는 것 같기는 하지만 기껏해야 불완전한 설명으로 간주하는 연구자들이 많다. 집단 위협 이론은, 이를테면 특정 공동체 내에서의 흑인 차별 태도는 흑인 비율이 변함에 따라 함께 변해야 한다는 것을 함축한다는 것이 그 이유다. 미국의 흑인 비율은 1972년에서 1991년까지 아주 조금 변했지만 흑인 차별에 대한 견해는 그동안 상당히 변했다. 결과적으로 한 공동체 내에서 흑인의 비율 그 자체는 차별에 대한 태도를 설명해주지 못한다.[30] 그러면 어떤 설명이 제대로 된 설명인가? 물론 그런 설명이 하나만 있는 것은 아니다. 설명을 위해서는 고려해야 할 요소들이 있는데, 역사적 사건들의 영향도 그렇고 잠재되어 있는 편견적 태도가 다른 개인적인 심리와 맺는 상호작용도 그렇다. 그러나 여러 연구자들은 지적인 계몽도 또 하나의 인과적 요소라고 주장한다. 그런 계몽의 사례를 하나 들면, 20세기 중반의 미국인들 사이에서 대부분의 행동은 단지 유전뿐만 아니라 문화와 환경적 요소의 영향을 받는다는 생각이 널리 받아들여졌다. 이 생각은 다시 개인들이나 집단들 사이의 차이는 우연적인 요소 때문일 때가 많다는 생각으로 발전한다. 이런 생각이 퍼지게 된 데는 부분적으로 대학교에서 사회과학자들이 제기하고 지지 증거가 축적되었기 때문이다. 그리고 "이것은 제2차 세계대전 이후 대학들에서 사회과학자들이 눈에 띄게 늘어남에 따라 전후 세대에게 교육이 영향력을 행사하고 있음을 시사한다."[31] 그렇다면 차별적 관행에 대한 태도의 변화를 설명할 때 환경적 영향의 상대적인 중요성에 대한 견해가 적어도 한 부분을 차지한다고 보는 것은 합당한 것 같다. 그것은 다시 말하면 과학적 지식의 확산이 변화를 가져온다는 뜻이다.

그렇다면 과학적 연구 성과의 지지를 받는 지적인 입장이 정치적으로 관련 있는 행동에 간접적으로 (그렇지만 중요하게) 인과적 영향을 끼칠 수 있다는 사례가 하나 확보된 셈이다. 실제로 이 사례는 한 가지 사례에 불과하다. 몇 가지 예를 더 들면 환경 보존, 이라크 전쟁, 환경 변화에 대한 많은 미국인들의 태도는 시간이 지나면서 변했다. 핵심적인 정치적 사안들에 대해서 빙하가 이동하는 것 같은 그런 변화는 단순히 '이성'이나 '감정' 어느 한쪽만 가지고 설명할 수 없다. 둘 다 역할을 한다고 봐야 한다. 그리고 이 점이 지금 말하려고 하는 요점이다. 사람들의 태도 변화, 심지어 가치에 대한 태도 변화 역시 적어도 부분적으로는 과학적 이성의 영향 때문에 일어나는 경우가 많다. 바로 이 점 때문에 건강한 민주주의의 발전에는 과학 교육이 아주 중요한 것이다. 과학 교육은 편견과 선입견을 찾아내는 데 역사적인 역할을 해왔다.

그리고 그런 설명이 도두 사후에 벌어지는 합리화라고 말하는 것은 받아들이기 어렵다. 실제로 하이트와 웨스틴의 견해가 자기 파괴적이 아니라고 보기는 어렵다. 이성이 판단에서 아무 역할도 하지 못한다는 판단 그 자체도 하나의 판단이다. 그리고 웨스틴은 그 판단을 이성을 가지고 옹호했다. 따라서 그의 이론이 옳다는 것을 이성이 설득한다면, 이성은 판단에서 어떤 역할을 하는 것이다. 그러니 그의 이론은 거짓이다.

하이트와 웨스틴의 견해를 받아들이는 이성은 가치판단이 아니라는 반론이 제기될 수도 있다. 그것은 과학적 주장이라는 것이다. 그렇지만 가장 '과학적인' 주장조차도 가치판단의 영향을 받는다. 과학 그 자체에는 어떤 가치들이 포함되어 있다. 진리, 객관성, 그리고 내가 1장에서 '인식적 원리'라고 일컬은 것들이 그것이다. 인식적 원리는 합리적인 것이 어떤 것이고 무엇을 믿는 것이 옳은지를 말해주는 원리다. 그것은 아주 근본적인 차원까지 가면 믿음의 어떤 방법과 어떤 근원을 신뢰해야 하는지에 대한 원리도 포함한다. 따라서 인식적 원리는 규범적이다. 그 원리는 가치인 것이다. 대부분의 시간 동안 우리는 인식적 원리가 당연한 것으로 간주해서, 그 원리가 작동하고 있다고 생각하지 않았다. 그렇다고 해서 그 원리가 작동하지 않는 것은 아니다. 지구의 나이나 인간의 생물학적 성장에 대한 판단을 내릴 때 증거의 어떤 표준—통상 대화 상대방도 공유한다고 생각하는 표준—을 당연히 전제하는 판단을 내리는 것이다. 그리고 상대방이 나와 의견이 일치하지 않을 때, 이를테면 상대방이 내가 어떤 유형의 증거(실험실에서 모은 증거 따위)를 다른 유형의 증거(성경에 쓰인 것 따위)보다 더 가치 있다고 전제하고 있음을 지적할 때 그제야, 이런 것이 가치구나, 하고 깨닫게 된다.

실제로 우리가 하는 일 중에서 가치판단이 완전하게 배제된 것은 전혀 없다. 토도로프의 훌륭한 실험이 보여준 것처럼 몇 쿤의 일초의 지각마저도 가치를 내재하는 것처럼 보인다. 아무리 찰나의 관찰이라도 우리는 관찰자의 시각이 신뢰성이 있다든가 의심스럽다고, 쉽게 말해서 좋거나 나쁘다고 판단할 수도 있고 실제로 판단하는데, 그것이 바로 가치판단인 것이다. 다시 한번 말하지만 이것은 새삼스러운 것이 아니므로 공들여 연구할 주제는 아니다. 대부분의 사람들은 편견 그 자체를 찾아내는 것은 잘 못하지만, 누구의 임금을 가장 많이 올려야 하느냐는 판단부터 (백인 남자 아니면 흑인 여자?) 누가 대통령 후보로 적합하냐는 판단까지 (자유주의자 아니면 보수주의자?) 어떤 판단에도 편견과 선입견이 개입한다는 것을 알고 있다. 다시 강조하지만 과학에서도 판단, 다시 말해서 가치가 작용하고 있다. 수학을 제외하고는 (가끔은 수학에서도) 단 한 가지 결론만 이끌어낼 수 있을 정도로 결정적인 데이터는 드물다. 대체로 데이터는 한 가지 이상의 해석이나 한 가지 이상의 설명을 허용한다. 그 말은 우리가 옳다고 생각하는 것을 그냥 아는 것이 아니라 추론하거나 판단해야 한다는 것을 뜻한다. 그리고 판단이 있는 곳에는 그 배경에 늘 가치가 있다.

여기서 이성이 가치판단에서 아무 역할도 하지 못한다면 이 판단을 포함해서 어떤 판단에서도 아무 역할을 하지 못한다는 교훈을 배우게 된다. 그러나 이런 부정적인 결론을 받아들이기보다는 이성이 우리의 판단에서 어떤 역할을 할 수 있다고 긍정적으로 생각하는 것이 더 현명해 보인다. 물론 그 역할은 플라톤이 바랐던, 감정이 완전하게 배제된 역할이 아니지만 그럼에도 역할은 역할이다.

이제 이 장에서 마지막 말이 남았다. 지금까지 한 말이 옳지 않더라도, 다시 말해서 이성이 정치적 판단에서 아무 역할을 하지 못하더라도, 가치가 있다. 이유를 제기하거나 묻는 바로 그 행동은 정치적으로 엄청나게 중요하다. 이것은 민주주의 국가라는 말이 적어도 이론적으로는 국가가 이성에 의해 지배된다는 것을 일부 의미하기 때문이다. 민주주의에서 시민들 사이의 의견 불일치는 오직 이성의 격투장에서 해결해야 하고, 시민들이나 국가가 다양한 방식으로 사용하는 정치적 힘을 정당화해주는 것은 이성이어야 한다. 그리고 결정적으로 지금 이 이성은 위협이나 조작의 이성일 수 없다. 사람을 때리는 것은 '설득하는' 방법 중 가장 쉽다. 공포와 고통도 사람을 움직이게 하는 것으로 여러 번 시도되었으며 효과도 있다. 그렇지만 이런 것들은 민주주의에서 합법적으로 간주될 수 있는 '이성'이 아니다. 나는 나의 정치적 주장을 정당화하기 위해 상대방에게 주먹을 휘두를 수는 없다. 그렇게 하는 것은 내가 상대방을 똑같이 존중하다는 자유주의적 민주주의의 근본 원리를 어기기 때문이다. 사실에 대한 나의 견해가 상대방의 견해보다 진리에 더 가깝다는 방식으로 설득해야 한다. 그럴 때만 나는 상대방을 무엇을 믿을지 스스로 판단할 수 있는 자율적이고 합리적인 존재로 대우하는 것이다.

3장

단지 꿈과 연기뿐

도저히 의심할 수 없다는 것은 아주 중요하다. 참인 것을 찾기 위해서는 우리의 믿음들을 모두 의심해봐야 한다. 말하자면 우리 스스로가 회의론자 역할을 해야 한다. 조금이라도 의심할 수 있는 믿음이라면 모두 거부하라. 그러면 절대적으로 확실한 것만 남게 되어, 그 반석 위에 모든 지식을 다시 세울 수 있는 것이다. 회의론에 대답할 방법을 찾을 수 없다면, 이유의 공통 원리에 신뢰를 보낼 수 있다는 꿈은 허망한 꿈과 연기에 불과할 것이다.

1. 높은 곳에서 내려다본 회의론

 진정한 신심信心을 가졌던 사람들에게 회의론이 별로 인기가 없었다는 사실은 역사에서 조그마한 아이러니다. 16세기 프로테스탄트 종교개혁 당시의 신학적 논쟁이 적절한 예다. 사람들은 누구의 방법이 종교적 진리에 더 잘 접근할 수 있는지를 놓고 서로를 죽이고 죽였다. 프로테스탄트는 성경을 개인적으로 묵상하는 것이 최선의 방법이라고 주장하고, 가톨릭은 성직자와 전통에 복종하는 것이 최선의 방법이라고 응수했다. 이런 논쟁의 와중에 이전에는 눈에 띄지 않았던 고대 로마의 작가 섹스투스 엠피리쿠스의 저작들의 가치가 재발견되자 논쟁 한가운

데에 폭탄처럼 떨어졌다.[1]

섹스투스의 《피론주의 개요》는 당시 쓰인 작품으로서는 '문학적인 명성'을 그리 얻지 못했다. 문장이 치밀해서 읽기가 어려웠기 때문이다. 독창적인 의도로 쓰이지 않은 것도 한 가지 이유인데, 섹스투스는 그리스 회의론자들의 (지금은 전해지지 않는) 작품에 대해 일종의 주석을 달았다고 밝히고 있다. 그렇지만 이 책은 종교적인 진리에 대한 자신만의 기준을 옹호하려고 했던 프로테스탄트와 가톨릭 신학자들의 관심을 불러일으킬 만한 내용을 담고 있었다. 그들에게는 상대방을 무찌를 수 있는 지적인 무기가 필요했기 때문이다.

그 무기는 아주 단순한 논증인데, 원래는 그리스 철학자 아그리파에서 기원하는 것으로 추측된다. '트릴레마'라고도 불리는데, 다음과 같은 내용이다. (기억처럼) 단순한 믿음이든 (기술의 도움을 받은 과학처럼) 복잡한 믿음이든 모든 믿음은 어떤 방법이나 근원에 의해서 만들어진다. 그런데 왜 이런 방법이 신뢰성이 있다고 생각하는가? 내가 당신이 쓰는 방법 중 하나를 비판하면, 당신은 바로 그 방법을 이용해서 그것이 신뢰성이 있다는 것을 보여줄 수는 없다. 그렇게 하면 순환적이기 때문이다. 그 방법 이외의 다른 방법을 이용하는 것도 도움이 안 되는데, 그 방법의 신뢰성을 증명할 수 없다면 그것을 이용해서 첫 번째 방법의 신뢰성을 확정하는 것은 소용이 없기 때문이다. 따라서 당신에게는 두 가지 선택지밖에 없다. 방법을 증명하기 위해 이유를 이용하고 다시 그 이유를 증명하기 위해 방법을 이용하는 식으로 끊임없이 순환 논리에 빠지거나, 아니면 당신의 방법이 근거가 없다는 것을 인정하는 것이다. 어느 쪽을 선택하든 당신은 방법을 믿는 이유를 댈 수 없다는 것을 인정해야 하고, 따라서 믿음에 대한 이유를 제시할 수 없다.■

종교 개혁의 전쟁에 뛰어든 양 진영의 신학자들에게 이 논증은 하늘에서 떨어진 선물과 같았다. 적의 원리를 무찌를 수 있는 방법을 드디어 손에 넣었기 때문이다. 프

■ 트릴레마는 세 가지 선택지가 가능할 때 그중 어느 것을 선택해도 곤란한 상황에 처하는 것을 말한다. 따라서 트릴레마는 곤란하게 되는 세 가지 선택지가 있어야 한다. 여기서는 첫째, 방법에 대한 이유를 제시하면 그 이유에 대한 이유를 또 제시해야 하고 그 이유에 대한 이유를 또 제시해야 하는 식으로 무한 소급에 빠진다는 것이다. 둘째, 방법에 대한 이유를 제시하고 그 이유에 대해서는 다시 원래의 방법을 제시하면 순환 논리에 빠진다는 것이다. 셋째, 이유를 제시하려는 시도를 아예 포기한다는 것이다. 그런데 이 책에서는 이 세 가지 선택지가 명료하게 구분되어 설명되지 않고 있다. 역주

로테스탄트 신학자들은 이렇게 물을 수 있다. 교회 권위자의 의견을 듣는 것이 진리에 이르는 길이라는 것을 어떻게 아는가? 만약 가톨릭 신학자들이 교회가 그렇게 말했기 때문에 알았다고 대답한다면 그들은 순환 논리에 빠진 것이다. 하지만 성경을 인용한다면 그 방법을 포기하고 다른 방법을 이용하는 것이 된다. 그렇다고 해서 프로테스탄트 신학자들의 승리로 끝나는 것이 아닌 게, 가톨릭 신학자들도 똑같은 논증을 이용할 수 있고 실제 이용하기 때문이다. 그들은 이렇게 묻는다. 성경에 대한 개인적인 묵상이 진리에 이르는 길이라는 것을 어떻게 아는가? 만약 프로테스탄트 신학자들이 성경에 대해 묵상을 했더니 그렇게 계시해주었다고 대답한다면 순환 논리의 오류를 저지르게 된다. 하지만 그가 다른 권위에 호소한다면 그는 성경적인 방법이 최종적인 말씀이 아님을 인정하는 셈이 된다.[2]

이른바 기적의 무기라는 것이 언제나 그렇듯 이 무기 또한 아무것도 해결하지 못한다. 그 결말은 양 진영 모두 종교적 진리에 대한 자신만의 기준을 옹호하기 위해서는 다시 그것이 옳다고 가정할 수밖에 없다는 것이다. 섹스투스도 이런 결말을 말하려고 했다. 그에 따르면, 우리가 무엇인가를 믿는 것을 그만두어야 한다는 것, 종교적인 것이든 아니든 어떤 것이 참이라고 절대 주장하지 말라는 것이 자신의 논증이 보여주는 것이다. 두말할 나위 없이 종교 개혁 당시 양 진영의 신학자들은 이런 결론을 받아들일 수 없었다. 불신, 곧 믿지 않는다는 것은 전투적인 신앙자들의 선택 사항이 아니기 때문이다. 그래서 많은 신학자들은 섹스투스의 논증을 받아들이면서 결론은 거부했다. 이성이 믿음의 방법이 올바르다는 것을 보여줄 수 없다면 그 방법을 포기하지 말라. 대신 이성을 포기하라.

그 당시에 지성계에서 전면적인 변화의 징후를 종교적인 논쟁에서만 찾을 수 있었던 것은 결코 아니다. 이미 16세기에 코페르니쿠스의 사상은 아직 갈릴레오의 검증을 받기 전이지만 우주론에서 혁명의 씨앗을 뿌렸고, 교회가 오랫동안 가르쳐온 지구가 우주의 중심이라는 생각을 의심하는 사람들이 생기기 시작했다. 게다가 유럽 사람들은 지리에 대해서 잘못 알고 있었다는 것이 분명해졌는데, 신대륙이 발견되었고 거기에도 사람들이 살고 있었다('달에서 지적 생명체가 발견되다!'라는 기사가 나왔다고 생각하면 그 놀라움을 짐작할 수 있을 것이다). 이 모든 경우에 사실에 대한 논쟁은 그 사실을 아는 방법에 관한 논쟁으로 빠르게 옮겨갔다. (관찰 및 귀납과 교회의 권위 중에서) 우주의 구조에 대해 알 수 있는 최선의 방법은 어떤 것인가? (배로 해도를 작성하는 것과 고대 그리스의 수학적 모형을 이용하는 것 중에서) 지구의 모양을 정하는 최선의 방법은 어떤 것인가? 사실만 논쟁거리였던 것이 아니라 지식에 대한 올바른 기준을 누가 가지고 있냐도 생생한 논쟁거리였음을 알 수 있다.

이런 모든 논쟁들이 그 당시에 살았던 지식인들에게 얼마나 충격적이었을지 잠시 생각해보는 것도 의미가 있다. 우리가 어느 날 잠에서 깨어나 보니 신문에 이렇게 대서특필되어 있다고 상상해보자.

전문가들 선언하다. 지구는 정말로 우주의 중심이다!

이러면 우리의 삶은 완전히 뒤바뀔 것이다. 처음에는 당연히 이 말을 안 믿을 것이다. 만약 그게 사실임이 드러난다면 우리가 우주에 대해서 믿는 거의 모든 것은 틀렸음이 드러날 것이기 때문이다. 지구가 우주에서 확실히 고정되어 있으며 태양만큼 거대한 것이 그 주위를 돈다면 가장 먼저 중력에 대해서 틀렸다. 아마도 중력이란 없을 것이다. 질량의 기능인 힘이라는 것이 없을 것이다. 아마도 태양은 훨씬 더 작을 것이다. 아마 별들은 실제로도 밤하늘에 보이는 딱 그 크기일 것이다. 어쨌든 현대의 모든 천문학과 모든 물리학은 사라져야 할 것이다. 모든 것을 다시 시작해야 할 것이다. 미치고 팔짝 뛸 일이다.

이런 종류의 대변동이 실제로 일어난다면 권위를 의심해보는 것은 자연스러운 반응이다. 전문가가 모든 물리학은 잘못이었다고 갑자기 선언한다면 결국에는 그 말을 믿을지도 모른다. 아니면 그 전문가가 진짜 전문가가 맞는지, 다만 그들이 쓰는 방법이 나쁜 것이 아닌지를 의심할지도 모른다. 더 나아가 물리학에서의 '전문가'의 모든 주장과 '방법'은 사기라고 생각하고 거부할지도 모른다. 어떤 것이 됐든 믿을 이유가 없다고 의심하기 시작하는 것이다.

당신이 16세기의 지식인이라면 이와 같은 상황에 처할

것이다. 그런 지식인 중 한 명이 미셸 드 몽테뉴였다. 그는 철학자였으며, 정치가였고, 뛰어난 수필가이기도 했다(수필이라는 문학 형식을 바로 그가 창시했다). 그는 섹스투스에게 마음을 온통 빼앗겼는데, 그의 서재 기둥에 로마의 경구들을 새겨놓을 정도였다. 그는 이성에 대한 섹스투스의 회의론이 그 당시의 종교적인 광신에 해독제가 될 수 있으리라고 생각했다. 그 당시의 다른 사람들도 그랬지만 종교적 믿음을 포기하는 것이 올바른 해법이라고 생각하지는 않았다. 몽테뉴는 우리가 섹스투스에게서 배운 것은 "사람의 재앙은 자신이 지식을 가지고 있다는 믿음에서 비롯된다. 바로 그렇기 때문에 종교는 무지가 신앙과 복종에 적합한 것으로 추천하는 것이다."라고 주장한다.[3] 비난받아야 할 것은 전문가만이 아니다. 인간의 이성 그 자체도 더러워졌고 결점이 있기 때문에 신뢰할 수 없다고 몽테뉴는 주장한다. "가정을 하고서 무엇인가를 주장하는 사람들은 주장하고 있는 바로 그 공리를 거꾸로 다시 가정해야 한다." 비유적으로 말해 이성은 자기 꼬리를 먹는 뱀과 같다. 결국 우리는 이성이 아닌 어떤 다른 것에 신뢰를 보내야 한다. 우리를 태어나게 한 신앙을 믿어야 하는 것이다. "신이 인간을 위한 원리를 계시하지 않았다면 원리라는 것은 있을 수가 없다. 남은 것은 (……) 단지 꿈과 연기뿐이다."[4]

16세기에 섹스투스의 논증이 수용되고, 이어서 몽테뉴가 그것을 대중화함에 따라 우리에게는 적어도 두 가지 과제가 남게 되었다. 첫째, 이성에 대한 회의론은 사실뿐만 아니라 사실을 아는 최선의 방법에 대해서도 의견이 일치되지 않은 불확실한 시대에 가장 수용적인 사람들에게 받아들여졌다는 사실이다. 두 번째는 첫 번째와 연결되어 있다. 섹스투스의 논증이 중요하고 거기에 대한 대답도 중요한 까닭은 몽테뉴가 그만의 능숙한 솜씨로 찔러준 명백한 결론 때문이다. 내가 나의 방법이 신뢰성이 있다고 생각하는 이유를 제시할 수 없다면, 내가 그 방법을 신뢰하며 수용하는 것이 합리적인지가 분명하지 않다. 그러면 신뢰할 방법이 어떤 것인지에 대해서 마음을 바꾸는 것이, 개종과 달리 합리적인 과정이냐는 의문도 역시 제기된다.

2. 이브다 더 분명할 수는 없다

1628년이 끝나갈 무렵, 당시 지식인 여러 명이 파리의 교황 사절 집에 모였다. 다소 나이가 들고 야심이 많은 화학자 샹두의 연설이 있었는데, 비금속卑金屬이 전공인 그는 나중에 공교롭게도 동전 위조범으로 교수형을 당했다. 그 모임은 꽤 장관이었을 것 같은데, 손님 중에는 유명한 철학자 마랭 메르센과 반反 종교개혁 진영의 저명한 사상가 피에르 베륄도 있었다. 샹두의 연설은 당대의 유행을 따라 회의적인 내용이었다. 그는 아리스토텔레스의 철학을 맹렬하게 비난했으며 지식은 개연성 속에서 발견된다고 주장했다. 참석한 사람들은 모두 열렬

한 환호를 보냈는데, 베륄의 초청을 받은 다소 마른 30대의 남자만 손을 들고 정열적으로 질문했다.[5] 그는 실패한 스콜라 방법론을 포기한 것은 옳지만 '개연성에 발목을 잡힌 것'은 중대한 실수라고 주장했다. 회의론에 주도권을 넘겨서는 새로운 과학을 옹호할 수 없다. 관건은 새로운 방법을 찾는 것이다. 그는 스스로가 '자연적 방법'이라고 부른 것이 어떤 것을 "아주 명석 판명하게 확정해서 회의론자의 과도한 가정도 그것을 흔들 수 없다."고 주장한다.[6]

그가 바로 르네 데카르트였다. 그는 당시 서른두 살이었는데, 해석기하학의 토대를 이미 정립한 상태였다. 우리는 그가 그날 무슨 말을 했는지 자세히는 모르지만 틀림없이 감동적이었을 것이다. 연설이 끝난 후 베륄이 그를 따로 불러 철학에 매진하라고 권한 것을 보면 알 수 있다. 데카르트의 운명을 결정하는 충고였던 것이다.

데카르트는 몽테뉴 다음 세대 사람이다. 위대한 수학자였던 그는 선배들과 똑같은 문제에 마음이 끌렸고 선배들을 괴롭혔던 똑같은 방법의 불일치 때문에 좌절했다. 데카르트는 몽테뉴와 마찬가지로 전통적인 중세 스콜라식 교육을 받았는데, 여기서는 세속적인 문제마저도 권위—주로 아리스토텔레스—에 의존해서 대답하라고 가르치는 것이 일반적이었다. 그리고 역시 몽테뉴와 마찬가지로, 데카르트는 아리스토텔레스의 원리들이 틀렸다고 생각했다. 그의 가장 유명한 저술은 다음과 같은 말로 시작한다. "나는 몇 년 전에 내가 어릴 적 참이라고 받아들였던 것들이 얼마나 거짓이고, 그것들 위에 내가 쌓아 올린 지식의 전체 체계가 얼마나 의심스러운지를 깨닫고 충격을 받았다."[7] 간단히 말해서, 데카르트는 그가 이전부터 가졌던 제일 원리를 거부하게 되었다. 거기에는 어떤 것이 합리적이고 어떤 것은 합리적이지 않은지를 말해주는 인식적인 제일 원리도 포함되어 있다. 몽테뉴는 다른 것이 아닌 제일 원리를 받아들이는 이유를 찾으려고 시도하는 것은 어리석다고 생각한 반면, 바로 그것을 하려는 것이 데카르트의 목표였다. 새롭게 등장한 과학에 확고한 토대가 되는 방법을 찾아내려는 것이다. 이것은 이론적인 탐구이긴 하지만 데카르트 당시에는 현실적인 의미도 다분히 있었다고 봐야 한다. 토대가 되는 원리가 존재한다면, 거기에 의존하면 누구의 방법이 가장 옳은지도 결정할 수 있고, 그런 문제에 대해 마음을 바꾸는 것이 개종과 어떻게 다른지도 보여줄 수 있기 때문이다. 우리에게나 다른 사람들에게나 이성을 신뢰하는 이유를 제시할 수 있음을 보여줄 수 있는 것이다.

데카르트의 생각은 '명석 판명'해서 도저히 의심할 수 없는 것으로부터 시작한다. 도저히 의심할 수 없다는 것은 아주 중요하다. 데카르트에 따르면, 참인 것을 찾기 위해서는 우리의 믿음들을 모두 의심해봐야 한다. 말하자면 우리 스스로가 회의론자 역할을 해야 한다. 조금이라도 의심할 수 있는 믿음이라면 모두 거부하라. 그러면 절대적으로 확실한 것만 남게 되어 그 반석 위에 모든 지식을 다시 세울 수 있는 것이다. 하지만 막상 마당에서 그런 반석을 찾기가 쉽지 않았다. 데카르트는 우리가 믿는 거의 모든 것을 의심할 수 있다고 생각했다. 우리 주위에 물리적 세계가 있다는 것까지 의심했는데, 사악한 악마가 우리를 골탕 먹이려고 엄청난 규모로 지속적으로 환상을 만드는 것이 가능하기 때문이다. 어쩌면 이 악마는 실제로는 그렇지 않은데도 내가 지금 내 집 책상에 앉아서 이 글을 쓰고 있다고 믿게 만들고 있는지도 모른다.

내 책상, 내 집, 이 글씨들 같은 외부 세계는 어쩌면 환상일지 모른다. 이와 같은 총체적인 의심을 안 받는 것이 있을까? 우리가 바로 지금 생각하고 있다는 생각에 주목해보자. 우리가 아무리 회의적이 되더라도 우리는 지금 생각하고 있다는 것을 의심할 수는 없다. 의심한다는 것은 다름 아닌 생각하는 것이기 때문이다. 나는 당신이 생각한다는 것을 의심할 수 있고, 물론 그 반대도 가능하다. 하지만 내가 바로 지금 생각하고 있다는 명제는 누가 생각하든 완전하게 자명하다. 곧 명석 판명하다.

그러므로 우리 자신의 마음이 갖는 내용에 대한 우리의 특권적 접근이 데카르트에서 지식의 토대가 된다. 그렇지만 그런 한정된 출발점을 넘어 나아가려면 어떻게 해야 하는가? 데카르트에게는 우리의 정신적 삶이라는 섬과 더 넓은 세상의 바닷가를 이어주는 이론적인 다리가 필요했다. 그는 자신의 내부를 들여다보았고 완전성이라는 관념을 발견했다. (다른 많은 관념도 그렇지만) 이 관념에는 분명 원인이 있다. 그러나 데카르트는 원인은 그 결과 못지않은 실재성이 있어야 한다고 주장한다. 따라서 어떤 것이 완전성 개념의 원인이 된다면 그것 자체는 완전한 어떤 것이어야 한다. 간단히 말해서, 우리에게 완전성 개념이 있다면 완전한 어떤 것이 그것의 원인이 되어야 하고, 그러므로 완전한 것, 곧 신은 틀림없이 존재하는 것이다. 그리고 신이 존재한다면, 그리고 완전하다면, 신은 우리를 속이지 않을 것이다. 따라서 명석 판명하게 지각되는 것이 참인 것은 분명하다. 지식은 확고하다.

마음의 경계 너머로 지식을 이동시키려는 데카르트의 작전은 그리 설득력 있는 것으로 입증되지 않았다. 여기서 데카르트가 회의론을 해결하기 위해 똑같이 논란이 되는 어떤 것(신의 존재)에 호소했다는 것만 문제가 되는 것은 아니다. 미심쩍은 가정(왜 완전성 개념 그 자체는 완전해야 한다고 생각하는가?)에 근거하고 있다는 것만 문제 되는 것도 아니다. 진짜 문제는 이러한 이동이 애초에 어떻게 성공할 수 있는지가 분명하지 않다는 것이다. 데카르트는 신이 존재한다는 명석 판명한 증명이 있기 때문에 신은 틀림없이 존재한다고 확신했다. 하지만 그는 신은 있기 때문에 명석 판명한 관념은 틀림없이 참이라고 생각했다. 이것은 이른바 데카르트의 순환이라고 하는 것으로, 우리의 기본적인 인식적 원리를 옹호하려고 할 때 우리가 언제나 빠지게 된다고 섹스투스의 논증에서 예측했던 바로 그 악순환이다.[8] 섹스투스와 몽테뉴를 좋아했던 흄은 이렇게 말했다.

> 데카르트는 우리 이전의 모든 의견들과 원리들뿐만 아니라 우리의 인식 능력에 대해서도 보편적으로 의심할 것을 권한다. 우리는 오류이거나 속임수가 아닌 근본적 원리로부터 도출되는 연쇄적인 추론에 의해 그 능력의 진실성을 확인해야 한다. 그러나 다른 것보다 특권이 있고, 자명하고, 확실한 그런 근본적인 원리는 없다. 만약 있다면 그것을 넘어 한 걸음 전진할 수 있었을 텐데, 이미 다르다고 가정된 능력을 가지고서는 그럴 수 없다.[9]

흄은 회의론에 응수하려는 데카르트의 시도에서 기본적인 문제점을 찾아 정확하게 요약하고 있다. 다른 모든 것들의 근거가 될 수 있는 '자명하고 확실한' 제일 원리가 없기 때문에 데카르트의 시도는 실패한다는 것이 그것이다. 흄이 여기서 '확실한'이라는 단어를 사용하고 있는 것에 주목해야 한다. 제일 원리가 없다는 것이 그의 주장은 아니다. 나중에 살펴보겠지만 우리가 어디에선가 출발해야 한다는 것을 그도 기꺼이 인정한다. 그가 의심하는 것은 우리가 그런 원리들을 이유를 가지고 옹호할 수 있느냐는 것이다.

경험에 근거한 것들을 믿을 이유가 있느냐를 논의하는 그의 아주 유명한 회의론 논증을 생각해보면 그의 주장은 아주 선명해진다. 흄도 올바르게 강조한 것처럼, 경험은 우리가 믿게 되는 것의 대부분을 믿게 하는 방법이다. 예를 들어, 나는 이전에도 밥을 먹으면 기운이 났기 때문에 밥을 먹으면 기운이 날 것이라고 믿는다. 흄은 이런 종류의 추론(철학자들이 '귀납 추론'이라고 일컫는 것)을 믿는 것은 가장 기본적인 원리라고 지적했다. 그렇지만 내가 오늘 먹고 있는 밥을 내일 먹는다고 할 때 이 밥을 먹으면 기운이 날 것이라는 수학적 (논리적) 증명을 할 수는 없다. 논리적 증명에는 확실성이 필요한데 경험으로부터는 개연성만 얻을 수 있기 때문이다. 미래를 '볼' 수 있는 사람은 아무도 없는 것이다. 그래서 흄은 묻는다. 경험이 미래에 일어날 일에 대해 신뢰성 있는 안내자라는 것을 어떻게 보여줄 수 있는가? 그것을 경험으로부터 배웠다는 것이 유일한 대답인 것 같다. 다시 말해서, 나는 과거의 경험이 미리에 무슨 일이 일어날지를 아는 데 도움이 된다고 생각하는데, 왜냐하면 과거에도 그렇게 도움이 되었기 때문이다. 그러나 그것은 경험이 신뢰성 있다고 말하는 것에 불과하다! 우리는 출발한 바로 그곳으로 다시 돌아왔다. 그리고 이것은 우리가 관찰을 신뢰하는 이유를 제시할 수 없는 것과 마찬가지로, 과거의 경험으로부터의 추론을 신뢰하는 이유를 제시할 수 없다는 것을 보여준다.

이런 주장이 얼마나 급진적인지 잠깐 살펴보자. 흄은 경험이 우리에게 결코 확실성을 줄 수 없다고 주장하려는 것이 아니다. 그것은 새로운 소식이 아니다. 너무 뻔한 소리다. 세상은 매번 바뀌므로 확실한 예측을 못 하는 것은 당연하다. 흄에서 급진적인 부분이 있는 까닭은 밥을 먹으면 기운이 난다거나, 브레이크를 밟으면 차가 멈춘다거나, 해가 내일도 떠오른다거나 하는 주장이 개연적이라고 믿을 어떤 이유도 없다고 주장하기 때문이다. 그렇게 믿을 이유가 없는 것은, 순환적이지 않은 방식으로 귀납의 원리를 믿을 이유가 없기 때문이다.

흄은 섹스투스가 제기한 문제는 지식 그 자체에 대한 것이 아니라고 생각했다.[10] 회의론자가 원한 것은 이유인데, 모든 지식이 이유가 있는 것은 아니기 때문이다. 우리가 아는 것 중 상당량은 동물과 마찬가지 방식으로 안다.[11] 동물의 지식은 우리가 본능적으로 정보를 받아들이고 처리하는 자연적인 능력을 가지고 있기 때문에 생긴 지식이다. 데카르트도 그런 생각을 했는데, 그가 코그니티오_cognitio_라고 부른 것이 그런 지식이다.[12] 우리는 그런 지식을 시각, 청각, 미각처럼 기본적인 능력으로부터 획득한다. 이 능력들은 작동하는 세계에 접근하는 방식인데, 우리는 회의론자의 공격에 맞서 그것의 신뢰성을 옹호하기는커녕 어떻게 작동하는지도 설명할 수 없다. 나의 세 살짜리 딸은 고양이가 밖에 있다는 것을 보기만 해도 알 수 있다. 하지만 자기가 본 것을 이유를 통해 옹호할 수는 없다. 고양이를 그냥 본 것이다. 회의론자는 우리가 지식을 얻는 방법이 참인 결과를 산출할 수 있다는 것을 증명할 수 없기 때문에 우리는 알지 못한다고 말한다. 그렇지만 내 딸이 자기가 고양이의 위치를 아는 방법이 신뢰성이 있음을 **증명**할 수 없다고 해서 그 방법이 신뢰성이 없는 것은 아니다. 다른 동물들과 마찬가지로 인간은 반성 없이도, 곧 자신이 안다는 것을 알지 못하고서도 안다.

그러나 이런 의미에서 지식은 섹스투스가 정말 회의했던 대상은 아니다. 그리고 아마 데카르트도 그것 때문에 회의를 시작한 것은 분명 아니다. 데카르트는 무반성적인 동물의 지식인 코그니티오에만 관심이 있었던 것이 아니라 객관적 이유에 의해서 공적으로 옹호될 수 있는 믿음인 시엔티아scientia에도 관심이 있었던 것이다.[13] 이것은 당연하다. 어떤 방법을 신뢰해야 하는지가 결정되지 않았을 때, 알려진 것에 대해서뿐만 아니라 알려진 것을 이해하는 방법에 대해서도 의견의 불일치가 있을 때, 이성이 문제 되기 때문이다. 이것이 데카르트의 입장이다. 지식의 가능성에 대한 증명은 멋있고 훌륭하게 할 수 있다. 그러나 문제 되는 것은, 반성에 의해서 스스로에게 또는 다르게 생각하는 사람들에게 이유를 제시할 수 있느냐다. 그것이 섹스투스의 관심을 끌었던 문제이고, 종교개혁이 16세기의 유럽에 다시 불러들였던 문제다. 이것은 1장에서 본 것처럼, 현대에 과학을 비판하는 사람들이 제기하고 싶어 하는 문제이기도 하다. 흄의 지적처럼 데카르트는 전혀 해결하지 못한 문제다. 정말로 궁금한 것은 아무도 해결할 수 없다는 흄의 주장이 옳은가 하는 것이다.

3. 회의론과 인식적 공약 불가능성

이성에 대한 회의론은 철학자들의 추상적인 사고 실험인 것만은 아닙니다. 인식적 원리―어떤 믿음의 근원을 신뢰해야 하는지 말해주므로 어떤 것을 믿는 것이 합리적인지를 말해주는 원리―에 대해서 의견의 불일치가 심하게 지속되면 회의론은 언제든 생기기 때문이다.

서로의 원리에 의심을 보내는 대부분의 경우, 어떤 의사가 다른 의사가 실시한 검사의 신뢰성에 대해 의심하는 것이 그런 예인데, 더 기본적인 원리에 호소하던 논쟁은 해결된다. 인식적 원리에 대한 대부분의 불일치는 상대적으로 피상적인 차원에서 일어나는 것이라고 말할 수 있다. 시간이 충분히 주어지거나 하면 공유하는 원리에 호소해서 임시적일지라도 해결할 수 있다. 반면에 '심각한' 인식적 불일치라고 부를 수 있는 것은 근본적인 인식적 원리에 관련된 불일치다(또는 논쟁의 토대가 분명하게 드러날 때도 근본적인 인식적 원리에 관련된 불일치가 문제 된다).

어떤 원리가 신뢰성 있다고 받아들이는 방법을 사용하지 않고서는 그 원리를 정당화할 수 없을 때 그 원리는 근본적인 것이 된다. 이런 이유 때문에 그 원리를 직접 옹호하려고 하면 언제나 악순환에 빠질 수밖에 없다.[14] 흄은 귀납의 원리가 그와 같은 운명이라는 것을 보여주었다. 귀납을 이용하지 않고서는 귀납이 믿을 만하다는 것을 보여줄 수 없는 것이다. 관찰이나 감각 지각에 대해서도 똑같은 말을 할 수 있다. 감각 중 하나를 어느 시점에서 이용하지 않고서는 감각이 신뢰성이 있다는 것을 증명하기는 어려워 보인다.[15] 연역 논리의 기본적인 원리도 마찬가지다. 기본적인 논리적 원리에 의존하지 않고서는 그것을 증명할 수 없다.[16] 이 정도면 무엇이 문제인지 확실히 보여주는 것 같다. 기본적인 인식적 원리를 수용한다고 가정하지 않고서는 그 원리를 옹호할 수 없는 것이다.

 귀납과 연역은 모든 사람들이 세계를 인식할 때 근본이 되는 것이다. 절대적으로 근본적인 것이다. 하지만 내가 세계를 인식할 때 근본적인 원리라고 해서 다른 사람이 세계를 인식할 때도 근본적인 것이라는 보장은 없다. 더구나 나의 체계에 근본적인 원리들 중 일부는 상대적이다. 사람들은 원리들마다 다른 가중치를 준다. 실제로 발생하는 대부분의 인식적 불일치는 이런 종류의 원리들에 대한 것이다. 이성의 범위, 다시 말해서 이성의 경계를 어디까지로 할 것인지에 대해서 의견의 불일치가 생긴다.

 예를 하나 보자. 내가 '젊은 지구' 창조론자와 지구의 기원을 놓고 토론을 벌인다고 상상해보자.[17] 이런 창조론자들은 신은 만 년도 되기 전에 6일 동안 지구를 창조했다고 믿고 있다. 그런 사람들 중에서도 특별히 과학적 방법에 익숙한 일관적인 창조론자를 스미스라고 해보자. 이 사람은 이해관계에 얽매이기보다는 진리를 알고 싶다는 진지한 관심을 가지고 있다고 가정해보자. 스미스는 성경을 읽는 것이 모든 것을 아는 최선의 방법이라고 주장하지 않는다. 성경을 읽고 치과 치료, 수학 문제 풀이, 자동차 수리를 할 수 없다는 것을 잘 알기 때문이다. 그는 과거에 대해서 배울 때 다른 방법들(물리적 기록을 참조하는 것 등)이 도움이 된다는 것을 받아들인다. 하지만 그는 지구의 기원을 배우는 데는 성경이 가장 믿을 만한 방법이라고 생각한다. 다시 말해 어떤 특정한 영역에서 성경이 과학적 방법을 능가한다. 그래서 지구의 기원과 관련한 문제에서 물리적 또는 역사적 기록이 성경과 의견 일치가 되지 않는다면 스미스는 성경 편을 들 것이다. 그에게는 성경이 근본적인 인식적 원리인 것이다. 꼭 근본적일 필요는 없지만 우선은 그렇다고 가정해보자. 스미스는 예컨대 성경을 근본적으로 생각하는 이유를 옹호해보라는 질문을 받으면, 자신이 말할 수 있는 최선의 것은 신이 성경을 쓰게 만들었고, 따라서 성경에 쓰인 것은 모두 참이고, 그러므로 과거에 대해 가장 믿을 만한 안내자라고 대답한다. 그것을 어떻게 알았냐고 물으면 스미스는 과거에 신이 성경을 쓰게 만들었다고 성경에 쓰여 있다고 말한다. 그의 추론은 순환적임을 금방 알 수 있고 스미스도 이 점을 당연히 알고 있다. 그러나 스미스도 나름대로 흄을 읽었으며, 그래서 나도 마찬가지 처지라고 지적한다. 나는 과거에 대해서 아는 최선의 방법은 물리적 기록에 대한 최선의 설명을 해나가는 것이라고 생각한다. 그것이 나의 근본적 원리다. 가장 간단하면서도 가장 포괄적인 가설이 이긴다고 생각하는 것이다. 그러나 내 방법을 옹호하라는 요청을 받으면 나는 과거에 잘 작동했던 지금까지의 실족에 호소하는 것 같고 할 수 있는 방법이 없다. 과거에 잘 작동했는지를 어떻게 아는가? 나는 무슨 말을 할 수 있겠는가? 이것이 데이터에 대한 가장 간단한 설명인데 말이다!

물론 스미스와 나는 독립적인 요소들에 호소해서 각자의 원리들을 옹호하려 하고 있다. 문제는 그 논증들이 모두 순환적이라는 것이 간단하게 확인된다거나 불일치 논쟁을 역시 논쟁거리인 또 다른 방법을 적용해서 해결하려고 한다는 점이다. 실상이 꼭 그런 것은 아니다. 실제로 대체로는 아니다. 현재 문젯거리는 먼 과거에 대해 아는 최선의 방법이 어떤 것이냐는 것이다. 시간 여행이 가능하다면 직접 관찰해서 정확한 결과를 산출하는 쪽이 어느 방법인지를 확인할 수 있을 것 같기는 한데, 그렇다

해도 관찰 그 자체를 믿을 수 없다고 할 것이다.[18]

실제 있지도 않은 가상의 사례를 가지고 골치를 썩일 필요는 없다. 대부분의 젊은 지구 창조론자들은 우리의 똑똑한 스미스와 달리 과학에 대해서도 잘 모르고 모순에 쉽게 빠지기 때문이다. 그렇지만 중요한 것은 여전히 그 사례가 심각한 우려, 곧 (흄의 생각에 따르면) 데카르트의 계획을 출발 단계 때부터 실패하게 만든 그 심각한 우려를 잘 보여준다는 사실이다. 근본적인 인식적 원리에 대한 비판에 합리적으로 대답할 수 없기에 그 원리에 대한 논쟁들을 합리적으로 해결할 방법이 전혀 없다는 것이 그 우려다.

그런 비판들에 합리적으로 대답하기 위해서는 나는 이유를 제시해야 한다. 그 이유도 구태의연한 것이 아니라 상대방이 지니고 있는 원리와 이유의 체계에서 이유로 간주될 수 있는 것이어야 한다. 간단히 말해 상대방이 인정할 수 있는 이유여야 한다. 우리의 실제 삶에서 어떤 현안이나 행동 방침에 대해 서로 인정받는 의견 일치가 필요할 때 작동하는 것이 바로 이유 제시 개념이다. 다리를 세우는 두 가지 계획 중에서 어느 쪽이 더 안전한지 궁금해서 엔지니어에게 자문한다고 가정해보자. 그렇게 자문할 때, 엔지니어가 어느 계획이 더 안전한지 결정해 줄 수 있으리라고 기대하기도 하지만 엔지니어가 그런 결정을 내린 합리적 근거를 분명한 말로 할 수 있으리라고 기대하기도 한다. 다시 말해서 특정 계획을 선호한 이유를, 우리가 우리의 관점에서 이해할 수 있는 이유를, 우리에게 제시하리라고 기대한다. 그렇지 않다면 우리는 다리 건설을 포기하거나, 아니면 두 계획이 똑같이 안전하다고 판단하고 어떤 다른 방식으로(제비뽑기나 점쟁이에게 자문 등) 둘 중 하나를 선택할 것이다.

이유 제시를 이렇게 엄격하게 하는 것은 우리가 이미 잘 알고 있는 그분과 일치한다. P에 대한 믿음의 이유를 가지고 있지 않아도 P를 믿는 것이 정당화될 수 있다. 신뢰성 있는 방법에 의해 그 믿음이 생겼을 때가 그런 경우다. 마찬가지로 믿음이 어떤 이유에 의해서 정당화되기는 하는데, 그것이 이유라는 것을 인식하지 못할 수도 있다. 게다가 제시하거나 수용할 수 없는 이유를 가질 수도 있다. 그러나 이러한 것들은 엔지니어의 경우나 공공연한 인식적 불일치의 경우에는 해당되지 않는다. 그런 경우에는 흄이 공통의 관점이라고 일컬은 것에 의해 인정될 수 있는 이유를 제시함으로써 특정 원리에 대한 신념을 옹호하라고 끊임없이 요구받기 때문이다. 또한 인식적 원리를 인식적으로 옹호하기 위해서는 공통의 관점에서 인정받을 수 있는 증거를 제시하라고 요구받기 때문이다.[19]

이것이 섹스투스가 제기하고 나중에 몽테뉴와 흄이 옹호한 문제의 핵심이다. 이성의 가치에 대한 회의론 논증을 요약하면 다음과 같다. 우리는 의심받는 근본적인 인식적 원리에 대해서 이유를 제시할 수 있을 때만 그것을 옹호할 수 있다. 근본적인 인식적 원리는 순환적인 논증을 통해서만 참임을 밝힐 수 있는 것이다. 하지만 어떤 것을 믿는 이유를 제시할 때 순환적인 논증을 이용할 수는 없다. 내가 상대방의 방법에 신뢰를 보내지 않고, 그래서 상대방의 원리를 받아들이지 않는다고 해보자. 그때 상대방이 그 원리를 사용하다 보면 신뢰성이 있는 것을 알기 때문에 그 원리는 신뢰성이 있다고 장담한다고 해서 내가 납득하는 것은 아니다. 납득해서도 안 된다.

이런 논증에서 근본적인 인식적 원리는 공통의 관점에

서 인정할 수 있는 이유에 호소해서 옹호될 수 없다는 결론이 따라 나온다. 이유는 스스로를 옹호할 수 없다는 식으로 말할 수도 있다. 이런 주장에서 적어도 두 가지 놀라운 함축을 끌어낼 수 있다. 첫째는 근본적인 인식적 원리에 대한 불일치를 합리적으로 해결할 수 없다는 것이다. 논쟁을 합리적으로 해결한다는 것은 이유에 호소해서 해결하겠다는 뜻인데, 그러기 위해서는 근본적인 인식적 원리를 공통의 관점에서 인정할 수 있는 이유에 의해 옹호할 수 있어야 하고, 회의론 논증은 그런 이유에 의해 옹호될 수 없음을 보여주기 때문이다. 토머스 쿤의 용어를 빌려 온다면, 근본적인 인식적 수용들은 이유가 관여하는 한 공약 불가능할 수 있다.[20] 이렇게 되면 회의론자의 불에 석유를 끼얹게 된다. 나의 가장 기본적인 인식적 원리들도 이유로 옹호할 수 없다면 이유로 옹호할 수 있는 것은 아무것도 없기 때문이다.

위에서 나온 지식에 대한 회의론과 이유에 대한 회의론의 구분을 잊는다면 그런 불일치를 해결하기가 쉬워 보일 수 있다. 자신들의 원리가 참이라는 것을 알고 있는 쪽—동물의 경우라면 무반성적인 감각으로 아는 쪽—이 바로 승자이기 때문이다.[21] 그러나 이미 본 것처럼 이런 대답은 불일치를 해결할 때 거의 도움이 되지 않는다. 참가자들 사이에서 똑같이 인정할 수 있는 공통의 근거가 무엇이 됐든 있어야만 논쟁이 해결될 수 있다는 것은 당연한 이야기다. 우리는 (아마도 인식적으로 순환적인 논증을 통해서) 어느 쪽의 기본적 근원이 신뢰성이 있고, 그래서 어느 쪽의 인식적 원리가 참인지 잘 알 수 있다. 하지만 근원의 사용을 정당화하려고 할 때 그 근원의 신뢰성 또는 신뢰성의 범위에 대해 솔직하고 분명하게 의심하게 되면, 방금 말한 사실로는 그 의심을 떨쳐버릴 수 없다. 다른 누군가의 원리에 도전을 던졌을 때, "올바른 원리를 받아들이기만 하면, 그 원리가 옳다는 것을 알 수 있을 것이다."라는 대답을 듣는다고 해서 도움이 되는 것은 아니지 않은가? 그 대답은 떡을 달라는 사람에게 돌을 주는 격이다.[22]

내가 급하게 강조하지만, 여기서 문제 되는 것은 우리의 인식적 원리를 '받아들이도록' 다른 사람을 실제로 어떻게 설득하는 것이 최선이냐는 현실적인, 정치적인 물음이 아니다.[23] 아마도 협박이나 회유가 가장 편리한 방법이겠지만 우리의 질문은 편리성에 대한 것이 아니라 합리성에 대한 것이다. 근본적인 인식적 수용과 관련된 경우에도 이유가 우리를 움직이는 것이 가능하느냐가 궁금한 점이다. 데카르트가 알고 있던 것처럼, 이 문제는 그 뿌리에서 보면 실존적인 문제다. 데카르트가 가장 근본적인 원리에 대해서 자신이 마음을 바꾼 경위에 대한 말로 자신의 가장 유명한 작품을 시작한 것은 우연이 아니다.

여기서 회의론의 두 번째 놀라운 함축이 나온다. 회의론 논증은 근본적인 인식적 원리에 대해서 우리의 마음을 바꾸는 것이 합리적인지를 우리는 이해할 수 없다는 것을 함축한다.

데카르트가 월요일에 받아들이지 않았던 근본적인 원리를 화요일에는 받아들이게 되었다고 상상해보자. 그는 예전에는 가지고 있지 않던 새로운 근본 원리를 채택한 것이다. 만약 그가 이러한 변화가 합리적이라는 것을 인지하려고 한다면, 그는 자신의 과거의 자아가 인지하리라고 생각하는 이러한 변화에 대해 이유를 제시할 수 있어야 한다. 그는 자신의 나중 자아를 이전의 자아에게 설명하는 것이 가능하다고 생각할 것이다. 만약 그렇게 할 수 없다면 그가 자신의 관점의 변화를 어떻게 합리적인 근거에 토대를 두고 있는 것으로 현재 이해하고 있는지 의아스럽게 된다. 그는 새로운 근본적 원리를 이유라고 생각할지 모르지만 화요일에는 그것의 채택이 이유에 토대를 두고 있다는 것을 이해할 수 없다. 이런 점에서 볼 때 친숙한 형태의 논증이 생겼다. 이전의 자아에게 지금 제시할 수 있는 이유는 어떤 것이든 순환적일 것이고, 순환적인 이유는 이전의 자아에 의해 이유로 받아들여지지 않을 것이다. 만약 그렇다면 데카르트가 자신의 마음의 변화를 어떻게 합리적인 것으로 볼 수 있는지 알기 어렵다고 회의론자는 말할 것이다.

인식적인 관점에서 부정적인 변화—원리를 채택하고 있다가 채택하지 않는 것으로 바뀌는 것—는 합리적으로 인식될 수도 있다는 가능성을 남겨둔다는 사실을 생각해 보면 위와 같은 결론은 조금, 아주 조금만, 완화될 수 있다. 그렇지만 이런 위안은 미미한 것이다. 새로운 기본적 근원을 포함해 새롭고 더 신뢰성 있는 믿음의 근원을 채택함으로써 인식적 상황을 개선하는 게 확실히 가능하기 때문이다. 그렇게 하는 것은 새로운 근본적 인식적 원리를 받아들이는 것이고, 인식적 관점을 개선하는 것이다. 그리고 그런 개선이 이유에 근거한 합리적 과정이거나 적어도 그럴 수 있다는 것은 분명하다. 그러나 이러한 것은 위에서 말한 논증이 정확히 배제하는 것이다. 인식적 공약 불가능성은 본거지에서 시작된다.

어떤 근원이나 원리를 신뢰해야 하느냐는 확실히 중요하다. 우리의 행동은 무엇을 믿는 것이 합리적인지에 대한 우리의 생각에 달려 있다. 무엇을 믿는 것이 합리적인지에 대한 우리의 생각은 우리의 인식적 원리에 달려 있다. 그 말은 우리의 행동은 우리의 도덕적 수용에 달려 있는 것 못지않게 우리의 인식적 수용에 달려 있다는 것을 뜻한다. 이유에 대한 회의론은 우리가 긷는 인식적 원리들에 대해서 우리는 어떤 공적인 이유도 제시할 수 없다는 가능성을 제기한다. 그런 회의론에 대답할 방법을 찾을 수 없다면, 이유의 공통 원리에 신뢰를 보낼 수 있다는 꿈—계몽주의의 핵심에 있는 꿈—은 그저 꿈에 불과함이, 허망한 꿈과 연기에 불과함이 드러날 것이다.

4장

이성의 종말:
전통과 상식

전통이 이성을 이긴다는 생각은 민주 정치와 어긋난다. 민주 정치에 참여한다는 것은 동료 시민을 법 아래에서 똑같이 존중받을 가치가 있는 합리적이고 자율적인 주체로 간주한다는 뜻이다. 내가 상대방과 반대되는 주장을 할 때 그 사람이 이유를 물어보는데도 거기에 대한 이유를 제시하기를 거부한다면 그것은 분명 그 사람을 판단 능력이 있는 동료로 존경하지 않는 것이다. 모든 이성의 끝은 결국 전통이라는 점에서 전통과 무관할 수 있는 것은 아무 것도 없다.

1. 이곳에서는 원래 이렇게 한다

 이성은 힘을 다했다. 고대 회의론자들은 이것으로 우리가 믿는 것을 그쳐야 한다고 결론을 내렸다. 그러나 모던인이기도 하며 포스트모더니즘 시대를 사는 우리는 낙천적이다. 우리는 비트겐슈타인처럼 어깨를 으쓱하고, "이 게임이 진행되고 있어."라고 받아들이면서 계속 전진하고 싶어 한다. 이런 태도는 실용적이고 현실적인 우리 자신의 모습과 잘 맞아떨어지는데, 회의론에 대한 올바른 '대답'은 우리 믿음의 근거 없음을 그냥 인정하고, 소매를 걷어 올리고, 거기서부터 계속 가는 것이다.

 그러나 정확히 어디로 가는가? 정당화가 끝났다면 그

빈 공간을 무엇이 채워야 하는가? 다음과 같은 한 가지 대답이 나온다. 핵심 교훈은 정당화가 끝났다면 전통이 그 자리를 대신한다는 것이다. 모든 믿음은 전통, 그러니까 우리의 문화라는 구조 안에 깊이 새겨진 역사적이고 의미심장한 관행들에 의해 짜인다.

이것이 좋은 생각인지 아닌지는 그것이 의미하는 바에 달려 있다. 그 의미 중 한 가지에 따르면, 전통에 의존하는 것은 우리가 사회적 동물이라는 사실과, 우리가 어떻게 생각하느냐는 우리가 어떻게 행동하느냐에 달려 있다는 사실을 상기시킨다. 그러나 다른 의미에 따르면, 우리의 전통적인 관행은 외부의 비판에서 벗어나 있다는 불온하고 아주 편협한 생각을 갖게 된다.

"모든 믿음은 전통에 의해 짜인다."와 같은 말로 의미하는 첫 번째 것은 사람들이 불가피하게 전통적인 방식으로 합리적 사고를 한다는 것이다. 어떤 이유를 제시하고 어떤 이유를 인정할 것인지는 다양한 전통과 관습에 달려 있다. 이것은 부인하기 어려운 주장이다. 전통은 우리가 어떤 이유를 인정할 것인지 거르는 기능을 다양한 방식으로 하기 대문이다.

무엇보다도 마음은 습관의 창조물이다. 우리는 정해진 틀에 따라서 생각한다. 심지어는 그 정해진 틀이 우리를 위험하게 만들 때조차도 그렇게 한다. 사람들은 운전 중에 휴대전화로 통화하거나 문자를 보내는데, 그러면서 "한 번도 사고 낸 적 없어."라고 그 행동을 옹호한다. 이것은 물론 굉장히 위험한 추론이다. 그렇지만 매우 흔하기도 하다. 위험한 행동을 한 번 이상 했다고 해서 덜 위험한 것은 아닌데도 우리는 언제나 그런 식으로 생각한다.

물론 그렇게 위험한 것은 아닌 추론의 틀도 있다. 전문성은 해당 주제나 업무에 대한 오래되고 풍부한 경험을 통해 생긴다. 그런 전문성이 전문가의 의견을 분명하게 알려주고, 그뿐만 아니라 전문가가 그런 의견에 어떻게 이르렀는지도 알려준다. 전문가는 '상황을 어림잡아보는' 것만으로도 매우 빠르게 결론에 도달할 수 있다. 훌륭한 요리사는 어떤 조미료를 넣어야 하는지 그냥 알고, 체스 대가는 어떤 말을 움직여야 상대방을 꼼짝 못 하게 할 수 있는지 그냥 안다. 이런 직관은, 1장에서 언급한 것처럼 깊이 뿌리박힌 추론의 틀 때문인 경우가 많다. 특히 요리와 체스의 경우에는 오랫동안 기술을 갈고 닦아 얻게 된 틀 때문이다. 물론 기술의 발전은 체스와 요리 기술의 전통적인 교수 학습 방법 덕택이기도 하다. 이런 기술들이 얼마나 전통적인지는 어떤 사람이 전통을 깨고 뜻밖의 어떤 것을 수행했을 때 분명해지는 경우도 있다. 전문가를 포함해서 사람들은 혁신에 직면해서야 지금까지 전통의 한계 안에서 생각하고 있었다는 것을 깨닫는 것이다.

토머스 쿤은 과학 활동에도 똑같은 것이 적용된다는 유명한 주장을 했다. 과학 활동은 다른 활동과 마찬가지로 전통이 접목되어 있다. 쿤은 이것을 과학적 연구는 일반적으로 또는 '정상적으로' 패러다임 속에서 진행된다는 식으로 표현했다. 패러다임은 "과학자들에게 지도뿐만 아니라 지도를 만드는 데 꼭 필요한 지시서까지 준다. 과학자들은 패러다임을 배우며 서로 불가분의 관계에 있는 이론, 방법, 표준을 함께 습득한다."[1] '정상' 과학자는 패러다임이 인도하는 문제들을 다루지만 패러다임 그 자체는 문제 삼지 않는다. 패러다임 그 자체가 도전받을 때 과학 혁명이 일어난다. 실제로 패러다임은 단순하게 '수용된 사실'이 아니라 패러다임 또는 전통으로서 인식되는 때가 바로 그때다. 이것은 찬찬히 생각해보면 그리 놀랄 일은 아니다. 신출내기 과학자들은 다른 과학자들에게 훈련받고, 그 과학자들은 다시 또 다른 과학자들에게 훈련받는다. 그들은 문제와 해결 방법을 건네받으며, 문제에 어떻게 접근하는지, 실험을 어떻게 준비하고 어떻게 평가하는지, 그 결과를 어떻게 교류하는지를 교육받는다. 간단히 말해서 전통적인 관행들을 대물림하는 것이다. 폴리아니 같은 사상가도 강조한 것처럼, 이것은 지식을 습득하는 데 가장 좋은 방법이다. 이런 전통 중 일부가 오해의 소지가 있거나 잘못된 가정에 근거하고 있을 수 있지만 전통에는 (요리나 체스에서처럼) 세월 속에서 검증된 기술과 견고한 추론의 형식이 스며들어 있기 때문이다.

그러므로 우리가 알든 모르든 믿음은 전통적인 방식으로 만들어지며, 또 어떤 의미에서는 그래야 한다는 생각이 옳은 것처럼 보인다. 그런데 전통을 예찬하는 사람들의 저술을 보면 이런 현명한 생각이 종종 다른 생각으로 변질된다. 철학자이며 사회 비평가인 알래스데어 매킨타이어가 그런 예다.

오랜 중립적 근거가, 곧 합리성 그 자체가 있을 수 있는 장소가 있다고 가정하고, 그것이 모든 전통과 분리된 탐구에 충분히 합리적 수단을 제공할 수 있다는 생각은 환상이다. 이와 다르게 주장하는 사람들은 암암리에 전통의 관점을 채택하고 스스로를 속이고 있거나 (……) 그게 아니면 단지 오류를 범하고 있을 뿐이다. 모든 전통의 밖에 있는 사람은 탐구에 필요한 합리적 수단이 전혀 없으며, 어떤 전통을 합리적으로 선택해야 하는지를 탐구할 때 필요한 합리적 수단은 더욱 없다.[2]

매킨타이어는 우리가 논의했던 합당한 주장을 되풀이하고 있을 뿐이라고 읽을 수도 있겠다. 사실상 사람들은 어떤 틀 속에서 추론하되, 그런 틀에서 '벗어나' 틀의 구애를 받지 않고 판단을 내릴 수 있다고 생각하는 것은 순진한 착각이라는 생각이 그것이다. 좋든 싫든 우리는 모두 적어도 몇 가지 전통 속에서 태어난다. 그 전통은 자라면서 배운 바로 그 언어와 밀접하게 연관되어 있기도 하다. 그렇지만 매킨타이어를 다른 식으로 읽으면 전통과 독립된 전통은 결코 합리적일 수 없다고 주장하는 것처럼 보인다. 이것은 전혀 다른 생각이고, 지식계의 좌파와 우파에서 일정 역할을 해왔던 생각이다.

예를 들어 보수적인 정치 사상가 마이클 오크쇼트를 비교해보자.

> 이미 존재하는 과학적 연구의 전통에서 벗어나서는 과학적 가설이 나타날 수도 없고 작동하는 것이 불가능한 것과 마찬가지로, 정치적 활동을 위한 계획의 틀은 그 계획에 관여하는 기존의 전통 안에서 나타나며 그것과 관련이 있을 때만 평가될 수 있다.[3]

이 문장은 지식과 전통에 대해서 이야기할 때 나타날 수 있는 비약을 잘 보여준다. 오크쇼트는 우리의 믿음이 언제나 물려받은 가정과 전통적 사고방식 속에서 등장한다고 진술을 시작하고 있는데, 그 말은 일리 있다. 과학도 패러다임 '내에서' 가설을 세우기 때문이다. 그러나 그 진술이 어떻게 끝나는지 주목해보라. 오크쇼트는 실제적인 추론은 언제나 전통 안에서 일어날 뿐만 아니라 **그 전통과 상대적으로만 평가될 수 있다고 결론을 내린**

다. 이것이 바르 위에서 비약이라고 지적한 것이다. 우리가 전통적으로 추론한다는 주장은 맞는 말이고 논란의 여지가 없지만 거기에서 모든 추론의 연쇄는 전통으로 끝난다는 주장으로 비약하는 것은 훨씬 위험천만하다.

흄의 동시대 인물이며 많은 정치적 보수주의자들의 수호성인인 에드먼드 버크부터 그 적통인 20세기의 러셀 커크에 이르기까지, 보수적인 지식인들은 몇 세기 동안 대서양의 양쪽에서 전통의 중요성을 널리 떠벌리그 다녔다. 하지만 오크쇼트는 자유주의자의 원죄는 단지 정치적인 것이 아니라 인식론적인 것이라고 주장했다. 자유주의자는 인간 지식의 본성에 대해서 잘못된 개념을 가지고 있다는 것이다.[4] 이런 잘못된 개념 중 가장 핵심적인 것은, 모든 믿음은 공동체에 깊이 새겨져 있는 전통과 관행 안에서 만들어진다는 것을 인정하지 못하고 정치에서 이성의 심각한 한계를 받아들이지 못한다는 것이다.

보수적인 전통주의자에게 이런 명료한 질문을 던져본다. 어떤 전통을 따라야 할지 어떻게 아는가? 전통은 여러 가지 맛을 띠고 있다. 어떤 전통은 좋고 (어떤 문화에서 강간당한 여자를 죽이는 전통이나 미국에서 백인이 흑인을 차별하는 전통처럼) 어떤 것은 좋지 않다. 모든 정당화나 모든 이성이 전통으로 끝난다면 방금 질문에 대답할 수 있을지 분명하지 않다. 우리가 말할 수 있는 것은 (비트겐슈타인의 말처럼) "이 게임이 진행되고 있어."일 뿐이고, "이 게임은 진행할 가치가 없어."라고 말할 수 없다면 우리는 심각한 문제에 부닥치게 된다.

물론 섹스투스와 흄의 회의론 논증이 이성은 스스로를 정당화할 수 없다고 보여주기는 하지만 다른 믿음의 방법, 이를테면 종교적 신념 같은 것은 정당화할 수 있다고 생각하고 싶은 보수주의자도 많을 것이다. 이성은 우리를 진리로 인도할 수 없지만 신념은 가질 수 있다고 말이다. 그러나 3장에서 본 것처럼 이렇게 신념에 호소한다고 해서 어떻게 도움이 되는지 알기는 어렵다. 질문은 즉각 다음과 같이 바뀐다. "누구의 신념인가?" "그거야 당연히 나의 신념이다." 그러면 다음과 같은 분명한 문제가 생긴다. 당신이 스스로의 견해에 대해 이유를 제시하고 묻는 절차를 재빠르게 그만둔다면, 스포츠의 진부한 표현으로 수건을 던지고 모든 것이 신념으로 귀결된다고 말한다면, 어떤 세계관이 더 나은지에 대한 불일치를 합리적으로 해결할 방법이 도대체 없는 것이다. 어떤 세계관이든 다 좋다고 말할 노릇은 정말로 없는 것 아닌가?

이 모든 것은 흥미진진한 아이러니다. 보수주의자들은 자유주의는 결국 상대주의를 숭배하게 된다고 자유주의를 비난한다. 그렇지만 보수주의자들의 핵심 주장들 중 하나도 똑같은 비난을 받을 우려가 있다. 토머스 쿤을 여기서 다시 비교해보자. 그의 초기 저술은 오크쇼트에서 살펴본 비약을 드러낸다. 그것은 우리의 사고를 형성할 때 전통이 불가피하게 수행하는 역할을 인정하는 데서 그치지 않고, 전통에 상대적이지 않고서는 어떤 것도 합리적일 수 없다는 견해로 나아간다. 그는 과학에서의 변화는 과학자들이 실재를 더 잘 인식하려는 노력으로 보아서는 안 된다고 주장한다. 그것보다는 '개종 체험'과 비슷하다고 설명한다.[5] 과학적 이성은 패러다임과 관련해서만 의미가 있다. 결국 "서로 다른 패러다임의 지지자들은 서로 다른 세계에서 자신들만의 거래를 하고 있는 것"이다.[6] 따라서 서로 다른 과학적 전통은 공약 불가능하다.

그들은 각자의 패러다임이 지닌 상대적인 장점에 대해서

토론할 때 어쩔 수 없이 상대방과 이야기를 나눌 것이다. 일부 순환적인 논증을 이용하기 때문에 각 패러다임은 자기가 정한 기준은 어느 정도 만족하고, 상대방이 정한 기준은 만족하지 못한다는 것이 드러날 것이다.[7]

어느 패러다임이 옳은지 판단할 '외부 기준'이 없다. 따라서 우리의 과학적 전통을 바꾼다고 해서 진리에 더 접근한다는 생각을 버려야 한다.

이상은 이제 꽤 친숙한 생각이며, 비슷한 생각들이 가다머부터 로티까지 여러 저명한 지식인들에 의해 옹호되었다. 한 가지 차이점은 로티와 같은 진보주의자는 그 함축에 대해 더 솔직한 경향이 있다는 정도다. 따라서 자신의 견해를 '즐거운 민족 중심주의'라고 일컫는 로티의 다음과 같은 말을 들어보자.

내가 사용하는 '이성'이라는 단어 중에서, '소크라테스와 프랑스 혁명의 후예인 우리 서구 자유주의자들이 처신하는 방식'으로 바꾸지 못할 곳은 하나도 없다. 나는 물리학에서든 윤리학에서든 모든 추론은 전통 의존적이라는 점

에서 매킨타이어와 마이클 켈리에 동의한다.[8]

  보수적인 회의론자들과 달리, 로티는 전통에 의존한다 해도 '세상에 단 하나뿐인 진리'에 접근하지 못할 것이라고 주장한다. 전통은 이성보다 객관적인 지식에 접근하기에 더 좋은 노선이 아니다. 로티의 견해에서 탐구는 서서히 변화하는 대화다. 탐구의 핵심은 (이를테면 내가, 그리고 나만이 하나뿐인 진리를 알고 있다고 주장함으로써) 다른 사람들 전부의 입을 다물게 할 방법을 찾는 것이 아니라 의견 차이가 있음에도 대화를 계속 진행하게 할 방법을 찾는 것이다.

  이것은 찬탄받을 만한 자세지만 어떤 근거로 그렇게 주장할 수 있는지 궁금하다. 실제로 로티와 같은 진보주의자와 오크쇼트와 같은 보수주의자의 차이점은 실제로 있고 그 자체로 중요하기는 하다. 그렇지만 둘 다 전통에 호소함으로써 똑같은 우려가 생긴다는 사실을 없애지 못한다. 만약 '이성'이 '내가 살고 있는 전통이 받아들이는 것'의 다른 단어일 뿐이라면, 나의 전통적 관행의 근본적인 원리가 비판받았을 때 어떻게 합리적으로 대답할 수 있겠는가? 그냥 어깨를 으쓱하고 이곳에서는 원래 이렇게 한다고 말하는 수밖에 없을 것 같다. 그러나 합리적 성찰의 영역 밖, 이유를 제시하고 묻는 게임의 밖에서 전통을 검토할 때 우려하는 바가 생긴다.[9]

내가 앞서 언급했던 중요한 인물 비트겐슈타인이 특별하게 도움이 되는 사례가 될 것이다. 앞서 본 것처럼 비트겐슈타인은 정당화가 끝났다고 선언했다. 그렇지만 끝난 것은 독단적이든 아니든 근거 없는 믿음이 아니라, '근거 없는 행동 방식'이다.[10] 이런 행동 방식은 (이를테면 책을 통해서 무엇인가를 배운다는 식으로) 명시적인 학습을 통해서가 아니라 사회적 관행을 관찰하고 거기에 참여함으로써 획득되는 것이라고 비트겐슈타인은 강조한다. 우리는 전통적인 생활양식 속에 있음으로 해서 어떻게 행동하는지를 배우며, 이런 전통적인 행동 방식은 우리의 연쇄적 추론이 끝나는 곳이다. 그렇다면 나의 행동 방식 그 자체는 이유가 없다. "참이 근거가 있는 것이라면, 그 근거는 참도 아니고 거짓도 아니다."[11] 역설적이게도 이러한 사실 때문에 확실성이 가능해진다고 비트겐슈타인은 생각했다. "사람은 확실한 환경에서는 실수를 할 수 없다." 하지만 그것은 데카르트가 생각한 것처럼 어느 정도 자명하고 스스로 증명되는 특별한 명제가 있기 때문이 아니다. 그것은 확실한 명제에 대해 실수한다는 바로 그 생각이 말이 안 되기 때문인데, 그것은 또 확실한 명제를 믿는다는 바로 그 생각이 말이 안 되기 때문이다. 그는 말하기를, 우리의 의심은 "어떤 명제들은 의심에서 면제되어 있다는, 말하자면 다른 것들을 회전하도록 움직이게 만드는 경첩 같다는 사실에 의존한다."[12] 비트겐슈타인에서 우리 믿음의 경첩은 합리적인 것도 비합리적인 것도 아니며, 믿어지는 것도 믿어지지 않는 것도 아니다. 그냥 '우리 삶과 같다.'[13]

단순한 믿음이 아니라 행동, 삶의 형식이 궁극적으로 중요하다는 비트겐슈타인의 생각은 파격적이다. 하지만 그 삶의 형식을 어떻게 합리적으로 옹호할 수 있냐는 의문은 여전히 남는다. 비트겐슈타인은 적어도 가끔 다음과 같은 방식으로 대답하는 것 같다.

> 화해할 수 없는 두 원리가 실제로 만났을 때, 양쪽 모두 다른 쪽을 바보 또는 이단이라고 선언한다. (……) 나는

다른 쪽과 '전쟁을 하겠다'고 말했다. 그러나 그 사람에게 아무 이유도 제시하지 않을 것인가? 확실히 제시하긴 하겠지만 그 이유는 얼마나 설득력 있겠는가? 이유가 끝나는 곳에서야 설득이 나온다(선교사가 원주민들을 개종시킬 때 생기는 일을 생각해보라).[14]

어떻게 보면 비트겐슈타인은 옳다. 이유가 다 떨어지고 위험이 고조될 때 위협이 등장한다. 나치와 마주 앉아 이야기해서 의견 일치를 볼 수는 없다. 게다가 위협은 아주 효율적인 '설득' 수단이다. 광고 캠페인도 마찬가지다. 실제로 비트겐슈타인이 지적한 것처럼, 역사적으로 보면 선교사는 강압과 회유를 적절히 섞어 원주민들을 개종시키는 데 크게 성공했다. 그렇지만 바로 그 비유는 이 근처에 훨씬 어두운 면이 있다는 것도 일러준다. 사람의 마음을 변화시킨다고 할 때, 또는 우리 자신의 마음을 변화시킨다고 할 때, 그 변화가 아주 혁명적으로 일어나면 결코 합리적인 과정일 수 없다는 것이 어두운 면이다. 거기에는 회유, 개종, 강압만 있을 뿐이다. 과연 이것이 우리가 근본적인 인식적 수용과의 관계를 이해하려는 방법인가? 교과서를 쓸 때 신의 계시와 과학의 방법 중 어느 쪽을 신뢰해야 하느냐는 논쟁을 해결해야 할 때의 힘이 그 해결 방법인가?

나는 그렇게 생각하지 않는다. 전통이 이성을 이긴다는 생각은 민주 정치와 어긋난다. 민주 정치에 참여한다는 것은 동료 시민을 법 아래에서 똑같이 존중받을 가치가 있는 합리적이고 자율적인 주체로 간주한다는 뜻이다. 자율적인 주체가 된다는 것에는 무엇을 믿는 것이 합리적인지에 대해 판단할 수 있다는 뜻도 일부 들어 있다. 무엇을 믿는 것이 합리적인지에 대한 판단은 이유를 토대로 이루어지기 때문이다. 내가 상대방과 반대되는 주장을 할 때 그 사람이 이유를 물어보는데도 거기에 대한 이유를 제시하기를 거부한다면 그것은 분명 그 사람을 판단 능력이 있는 동료로 존경하지 않는 것이다. 마찬가지로 국가가 정치적인 권력 행사의 이유를 밝히기를 거부한다면 그것은 우리를 존경하지 않는 것이다. 그리고 여기서 문제가 되는 이유는 내가 상대방의 머리에 총을 겨누며 '당신이 내가 원하는 것을 하게 하려는 이유' 때문이라고 말할 때의 이유일 수 없는 점이 중요하다. 민주적인 개념의 정치에서 정치적인 주장은 야만적인 힘을 휘두르거나 그것으로 협박하는 방법으로는 절대 정당화될 수 없다. 다시 한번 말하지만 주장을 제기했다는 사실은 그 주장이 왜 제기되어야 하는지 정당화할 수 없기 때문이다. 나는 내 견해가 합리적이라는 것을 상대방에게 설득하려고 시도해야 한다. 그럴 때 비로소 나는 상대방을 자율적인 존재로, 무엇을 믿을지 판단할 수 있는 존재로 대우하는 것이다. 그렇지 않고 이용 가능한 증거에 상대방이 접근하는 것을 막는다면, 나는 상대방이 스스로 판단을 내리거나 자기를 위해서 판단을 내리는 것을 방해하게 된다. 요약하자면, 우리의 견해에 대한 이유 제시를 그만둘수록, 불일치를 해결하고 정부의 결정을 내릴 때 충분한 이유 없이 행동할수록, 우리는 스스로를 민주적인 조직의 동등한 참여자로 인식하지 않는 것이다.

지금까지 말한 것은 회의론 논증이 단지 추상적인 문제에 그치지 않는다는 것을 다시 보여준다. 정치적인 함의가 있는 현실적 문제인 것이다. 그리고 "전통은 전통이다."라고 말하는 것은 전혀 쓸모가 없다. 상대방과 내가 누구의 인식적 원리가 참인지 동의하지 못한다면 서로에게 "이것 봐, 나의 전통이 이 원리를 정당화해주잖아."라고 말하는 것은 도움이 되지 않는다. 나는 상대방의 전통이 무엇인가를 정당화해준다고 인정하고 싶지 않고, 그것은 상대방도 마찬가지다. 물론 우리가 각자의 방식대로 그럭저럭 살아가는 경우도 많다. 나쁜 일도 아니다. 하지만 공동으로 어떤 행동을 결정해야 할 때는 각자의 전통을 끌어들이는 것은 도움이 되지 않는다. 그래서도 안 된다.[15]

보수주의자든 자유주의자든 전통주의자는 내가 자기 견해를 부정적인 시각으로 해석하고 있다고 말할 것이다. 아마 내가 그랬을 것이다. 그렇지만 전통주의자의 주장이, 결국 전통적인 사고방식이 우리의 판단을 제한해 어떤 것을 이유로 인식하라고 강요하는 것이라면, 내가 보수주의자를 부정적인 시각으로 해석하고 있음은 이미 맞는 말이다. 그런 주장은 섹스투스의 문제를 해결하는 데도 도움이 안 되며, 전통이 우리를 인도해서 데려가는 곳은 애초에 있던 곳보다 나은 곳이라는 것을 보여주지도 못한다. 또 실제 삶에서 어떤 것을 하고 믿는 이유로 전통을 끌어들일 때 의미하는 바가 "우리가 여기서 이렇게 하는 방식은 효율적이고 유용해."와 비슷한 것이라고 지적하는 것 역시 도움이 되지 않을 것이다. 그렇게 말하는 것은 전통 그 자체에 호소하는 것이 아니라 일하는 방식의 효율성과 유용성에 호소하는 것이다. 그것은 별도로 평가해야 하는 문제다. 일관적이지 않은 전통은 합리적일 수 없다거나 전통의 정합성이 증가할수록 합리성은 증가한다고 주장할 때도 똑같은 점이 적용된다.[16] 이 주장도 그럴듯해 보이기는 한데, 그렇게 일관성과 정합성을 꺼내 드는 것은 전통과 무관한 합리성을 갖는 제일의 인식적 원리—논리학의 원리—가 있음을 인정하는 것이나 다름이 없다. 하지만 그것은 섹스투스의 회의론 논증은 이성의 끝이 전통임을 증명해준다고 생각하는 사람이라면 당연히 부인해야 하는 것이다. 이제 전통주의자의 전체 요점을 정리해보자. 모든 이성의 끝은 결국 전통이라는 점에서 전통과 무관할 수 있는 것은 아무 것도 없다. 이 견해에서는 우리의 전통과 행동 방식이 모든 것에 우선하는 것이다. 그리고 그것이 보수주의자가 이 견해를 소중하게 여기는 까닭이기도 하다. 우리는 어느 시점에선가 질문하기를 그만두고 "이곳에서는 원래 이렇게 한다."고 받아들일 수밖에 없다.

2. 상식과 가정

 그러므로 '전통'만으로는 이성에 대한 회의론에 대답이 될 수 없다. 그래도 그런 발상에서 뭔가 배울 것이 있다. 모든 것을 증명할 수 없다는 것을 알기 위해서 굳이 허풍을 떠는 회의론자의 입을 빌릴 필요는 없다는 것이 그것이다. 언제나 무엇인가를 당연하게 여겨야 한다는 것을 어른이라면 누구나 잘 알지 않는가? 그런 가정을 한다고 해서 의견을 못 갖는 것은 아니다.
 실제로 첫째가는 회의론자인 흄조차 이런 생각에 동의했다. 흄은 자신의 논증이 경험이나 관찰 같은 기본적인 믿음의 근원을 신뢰하지 못하게 한다고 생각하지 않았

다. 누군가가 흄의 논증을 듣고 경험을 신뢰할 이유가 없다고 설득되었다면 흄은 이렇게 말한다. "그럼에도 그 사람은 여전히 같은 방식의 생각을 할 것이다. 그가 그런 결론을 내리도록 결정하는 다른 원리들이 있다. 그 원리는 관습과 습관이다."[17]

'관습'은 이성이 끝났을 때 우리가 어디에 내려야 하는지에 대한 흄의 대답이다. 그러나 이런 대답은 해석하기가 그리 쉽지 않다. 한 가지 해석은 '관습'을 '전통'으로 읽는 것이다. 그렇지만 여기서 흄을 읽는 또 다른 방법도 가능하며, 그편이 그의 주장을 훨씬 더 그럴듯하게 해석한다. 그는 다른 곳에서 이성을 신뢰하는 경향을, 우리에게 이로운 사람에게 사랑을 느끼고 해가 되는 사람에게 미움을 느끼는 경향과 비교했다. 우리는 원래 그렇게 생겨 먹었다는 것이다.

> 이 모든 작용은 일종의 자연적 본능이다. 그 어떤 추론이나 사고와 이해 과정도 그것을 생성하거나 막을 수 없다.[18]

흄은 이것이 말할 수 있는 전부라고 말한다. 이성에 대한 신뢰를 옹호할 수 있느냐 하는 것은 논점을 크게 벗어난 문제다. 인간은 선천적으로 어떤 믿음의 방법을, 그것이 신뢰성이 있든 없든 절대로 포기하지 않기 때문이다.

아주 묘하게도 흄의 동시대 비판자 가운데서 가장 신랄하고 뛰어났던 토머스 리드는 매우 비슷한 주장을 했다. 리드는 흄처럼 스코틀랜드 사람이었지만 흄과 달리 회의론은 분명 거짓이라고 생각했다. 그가 그렇게 생각한 까닭은 내가 한 주장과 매우 비슷하다. 리드의 견해에서 기본적인 근원이나 믿음의 방법—내가 과학적 활동이라고 말했던 것과 같은 것—은 신뢰할 수 있다는 것이 제일 원리다. 그런 원리들은 그가 '상식'이라고 부른 것에 의해서 자명하다고 보인다.

> 그것에 대한 이유를 제시할 수는 없지만, 자연스럽게 믿게 되고 삶의 공통적인 관심 속에서 당연하게 생각할 수밖에 없는 어떤 원리들이 있다면, 그것들이 상식의 원리라고 일컬을 수 있는 것이다.[19]

그렇다면 리드와 흄 모두에게서, "관찰은 대체로 주위

환경에 대해 알아내는 신뢰성 있는 방법이다."처럼 당연하게 생각해야 하는 원리들이 있다. 특이한 것은 리드는 이 점을 흄에 대한 반박으로 보았다는 것이다. 왜 그랬을까? 리드의 견해에서, 우리가 어떤 원리들을 믿지 않을 수 없다는 사실은 그것이 '자명'하다는 뜻이고, 따라서 인식적으로 합리적이라는 뜻이기 때문이다.

우리에게 관찰과 논리적 추론을 신뢰하는 자연스러운 본능이 있다는 점에서 흄과 의견이 일치한 리드는 당연히 옳은 판단을 한 것이다. 우리는 원래 그렇게 만들어져 있기 때문이다. 그리고 왜 그렇게 만들어져 있는지 완벽하게 그럴듯한 진화적 설명도 있다. 우리는 생존하기 위해서는, 그리고 과거에 경험한 것을 바탕으로 미래가 어떻게 될지 적어도 어느 정도는 예측할 수 있기 위해서는 우리 주변의 환경 곳곳을 잘 알아야 한다. 그러나 이러한 사실들도 그동안 해결하려 고심한 이성에 대한 회의론의 문제를 풀지 못한다. 그 까닭을 말해보겠다.

첫째, 내가 어떤 원리들(이를테면 관찰이 신뢰성이 있다는 원리)을 믿을 수밖에 없다고 해서 이런 원리들이 참이라는 뜻도 아니고, 참이라고 믿는 것이 정당화된다는 뜻도 아니다. 원리의 불가결성이라고 일컬을 수 있는 것이 곧 그 원리에 대한 나의 믿음의 직접적인 인식적 이유는 아니다. 직접적인 인식적 이유란, 어떤 것이 참이라고 믿는 이유를 말한다. 그리고 이것은 흄이 제일 원리에 대해서 부족하다고 말한 바로 그 이유다. 따라서 원리의 불가결성은 실제로 그 원리를 받아들이게 만들지만 그렇다고 해서 그 원리가 참이라는 것이 증명되는 것은 아니다.

둘째, 이 문제에 대해 리드가 옳다 해도, 다시 말해 어떤 원리의 불가결성은 정말 그 원리를 믿는 인식적 이유라 해도, 위에서 리드 자신도 넌지시 말했듯 불가결성 그 자체는 그 원리를 옹호하며 제시할 수 있는 이유는 아니다. 이 점은 중요한데, (내가 3장에서 말했듯) 진짜 문제는 우리가 제일 원리를 상식의 문제라고 생각하든 안 하든 제일 원리에 대해 이유를 제시할 수 있느냐이기 때문이다. 결국 어떤 사람에게는 상식인 것이 다른 사람에게는 터무니없을 수 있다. 우리가 제일 원리에 언제나 동의하는 것은 아니며, 어떤 원리를 당연하게 생각해야 하는지에 대해서도 언제나 동의하는 것은 아니다.[20]

예를 들어보자. 그리스도교 변증론 중에서 온라인과

오프라인의 많은 지지자들에게 '가정주의'라고 알려진 이론이 있다. 20세기 중반에 코르넬리우스 반 틸이 유력한 이론으로 체계화한 이 이론에 따르면, 핵심적인 그리스도교의 믿음들은 모든 합리적인 사고의 '가정들'이다. 합리적으로 생각하는 바로 그 행동은 그리스도교의 믿음들이 참이 아니라면 생길 수 없다. 따라서 그리스도교의 믿음 그 자체는 이유에 의해서 옹호될 수 없는데, 이유를 제시하는 것은 곧 이미 이유를 전제하는 것이기 때문이다. 간단히 말해, 신이 존재한다고 이미 전제하지 않고 신에 대한 믿음의 이유를 제시할 수 없다. 이유라고 해서 다 이유인 것은 아니다. 그리고 더 역설적인 결과는, 신이 존재하지 않는다고 주장해봐야 소용없다는 것이다. 그렇게 주장하는 것은 곧 신이 존재한다는 것을 이미 전제하는 것이기 때문이다. 이 입장의 옹호자 중에서 가장 박식한 존 프레임은 이것이 "신은 존재하므로(가정) 신은 존재한다(결론)."와 같은 순환 논증의 모습을 띠고 있음을 인정한다. 그렇지만 프레임은 "신은 의미, 진리, 합리성의 궁극적인 기준이므로 이것은 불가피하다."라고 말한다.[21] 순환이긴 하지만 불가피한 순환이라는 것이다.

가정주의자들은 물론 누구나 다 빛을 보는 것은 아니라고 인정한다. 다른 사람들은 다른 가정에 매달리는데, 그렇게 함으로써 그들은 진정한 가정을 무시하고 있다. 게다가 모든 사상은 이런 식으로 그리스도교 정신을 가정하고 있기 때문에 비#그리스도 교인들이 신을 부인하는 것은 좋은 이유가 없기 때문이 아니라 이유를 인정할지 모를 정도로 '고집이 세기' 때문이다. 프레임은 이와 관련해서 바오로가 로마인들에게 보낸 편지를 인용한다.

> 사람들이 하느님에 관해 알 만한 것은 하느님께서 밝혀 보여주셨기 때문에 매우 명백합니다. 하느님께서는 세상을 창조하신 때부터 창조물을 통해 당신의 영원하신 능력과 신성과 같은 보이지 않는 특성을 나타내 보이셔서 인간이 보고 깨달을 수 있게 하셨습니다. 그러니 사람들이 무슨 핑계를 대겠습니까?[22]

또는 어떤 호감이 가는 열성 신자가 웹사이트에 올린 다음 말을 보라.

"성경에 따르면, 모든 비그리스도 교인들은 얼간이다."[23]

사돈 남 말 하고 있다는 것이 내 생각이다. 하지만 내가 여기서 말하려는 것은 그리스도교 정신 그 자체에 대한 것도 아니고, 가정주의 변증론에 대한 것도 아니다. 여기서 나는 상식에 관한 리드의 주장의 한계에 관심이 있다. 순환적이지 않은 이유를 제시할 수는 없지만 우리 모두가 어떤 원리가 당연하다고 생각해야 하기 때문에 자명하게 참인 원리가 있다고 말한다면, 어떤 원리가 그런 것이냐는 질문에 어떻게 대답할 수 있겠는가?

물론 당신의 견해가 모든 사고의 가정이라고 말한다고 해서 정말 그렇게 되지는 않는다. 어떤 특정 종교적 믿음보다는 이처럼 논리야말로 가정이라고 하는 게 훨씬 더 그럴듯하다. 논리는 특정 종교적 견해에 의존하지 않고서도 그렇게 가정함으로써 요리에서 화학까지 많은 것들에 대해 생각하고 주장할 수 있기 때문이다. 그리고 "신은 존재한다."가 가정이고, 따라서 이유가 필요하지 않다 하더라도 "신이 존재한다는 믿음은 가정이다."라는 말조차 이유가 필요하지 않다는 결론은 따라 나오지 않는다. 가정주의자들은 여전히 왜 우리가 그들의 믿음이 정말 가정이라고 생각해야 하는지 논증을 제시해야 한다. 이미 말한 것처럼 그 믿음이 정말 가정이라 하더라도 논증을 제시해야 한다. 물론 그런 논증이라면 문제 되는 핵심 믿음의 합리성을 가정해야 할 것이다. 신이 존재한다는 것을 확신하지 못한다면 신의 존재를 합리적으로 부인할 수 없다는 것도 확신하지 못할 것이다. 따라서 가정주의자들이 자신의 믿음이 가정이라는 견해에 대해 자신의 믿음이 가정이라는 것은 가정에 불과하다는 독단적인 주장이 아닌 논증을 펼친다면, 어떤 종류의 논증을 제시할 수 있는지 분명하지 않다.

리드의 상식적인 전략에서도 똑같은 문제가 생긴다. 우리 모두 S가 신뢰성이 있다는 것을 당연하게 생각해야 하기 때문에 S가 신뢰성이 있다는 것이 자명하다고 말할 때, 누군가 이 '사실'에 대해 이의를 제기하면 어떻게 해야 할까? 아마도 그 사람이 이의를 제기할 때 S의 신뢰성에 의존하고 있다고 대답할 것이다. 그럴지도 모른다. 실제로 그렇다면 그 사람은 자신의 입장을 적극적으로 무너뜨리는 셈이다. 하지만 S가 신뢰성이 있다는 원리와 그것이 근본적인 가정이라는 주장 둘 다 부인하는 어떤 사람에게 그 원리에 대한 증명이 지금까지 이루어진 적은 없다. '상식'적인 전략은 여전히 그런 문제를 해결하지 못하고 있다.

어떤 원리가 참이긴 하지만 그 이유를 옹호할 필요가 없다는 생각을 받아들이기 시작하면 그것은 독단론에 빠지는 것이다. 내가 말하는 독단론자들은 자신의 입장을 주장하지만 공적인 비판을 받았을 때 이유 제시를 거부하는 사람들이다. 우리의 인식적 원리가 참이라는 것을 아는지가 우리의 유일한 걱정거리라면 이런 종류의 독단론은 크게 다룰 주제가 아닐 수도 있다. 그러나 3장에서 주장한 대로라면 그렇지 않다. 회의론자들은 우리 자신을 포함해서 다른 사람에게 우리가 생각하는 이유를 제시할 수 없는데도, 동물적인 의미에서 우리가 알 수 있다는 것을 즐겁게 인정한다. 문제는 지식 그 자체가 아니다. 문제는 공적인 이유, 공통의 관점에서 인정할 수 있는 이유를 제시함으로써 그런 지식을 가진다는 것을 보여줄 수 있느냐다.[24]

흄과 리드의 불가결성 논증의 셋째이자 마지막 문제점은 그것이 쉬운 사례만을 다룬다는 것이다. 쉬운 사례는 예컨대, "관찰은 일반적으로 믿을 만하다."와 같은 근본적인 원리를 다룬다. 그러나 종교적인 사람들이 어떤 문제에 대한 진리를 깨닫기 위해서 과학이 종교적인 권위 못지않게 신뢰성이 있는지 의심을 품을 때는, 그들은 대체로 우리가 과학을 완전히 버려야 한다는 말을 하는 것은 아니다. 이것은 내가 앞 장에서 젊은 지구 창조론자를 논의할 때 일부 말했던 점이기도 하다. 이성에 대한 진정한 의심은 일반적으로 그 한계에 대한 의심이다. 이것은 새삼스러운 일이 아니다. 흄과 리드가 모두 강조하듯 이성을 완전히 포기하는 것은 자기 파괴적인 행동이다. 우리는 관찰과 논리 등을 어느 정도 신뢰해야 하는 것이다. 따라서 아무 조건 없이 "관찰은 신뢰할 만한 가치가 있는가?"라고만 묻는 것은 쉬운 질문이다. 어려운 질문은 특정 맥락에서 관찰을 다른 믿음의 근원과 비교해보았을 때 어느 정도 신뢰해야 하는지에 관심이 있는 것이다. 간단히 말해, 어려운 사례는 내가 비교적인 근본적 원리라고 일컬은 것과 관련된다.

그러므로 자연스러운 본능에 호소한다고 문제가 해결되는 것은 아니다. 그렇지만 올바른 방향으로 발을 내딛고 있기는 하다. 그것에 대한 인식적 이유를 제시할 수는 없지만 당연하게 받아들여야 하는 믿음의 어떤 근원들, 따라서 어떤 원리들이 있다. 하지만 그렇다고 해서 우리가 당연하게 생각하는 것에 대해 이유를 제시할 수 없다는 것은 아니다. 우리가 제시할 수 있는 이유가 다른 종류일 것이라는 점은 말해준다.

5장

인간성의 성스러운 전통

인간성의 성스러운 전통은 전통의 권위에 근거해서 받아들이고 믿는 진술들로 이루어진 것이 아니라 올바르게 묻는 질문들, 그리고 또 다른 질문들을 물을 수 있게 하는 개념들, 그리고 질문들에 대답하는 방법들로 이루어져 있다. 그것은 특정 태도와 열린 탐구를, 그리고 거기에서 도출되는 원리들을 수용하라고 말하는 것이다. 우리가 할 수 있는 한 스스로 철저히 생각해보는 또 하나의 전통인 것이다.

1. 믿음, 신념, 수용

19세기 영국의 수학자이자 철학자인 W.K. 클리퍼드는 이성의 홍보자로 묘사되곤 한다. 그런 묘사는 그 인물의 진가를 드러낸 것은 아니지만 나름대로 맞는 말이기도 하다. 서른네 살의 나이에 죽기 전, 클리퍼드는 아인슈타인의 상대성 이론을 예견했고, 나중에 그의 이름을 붙이게 되는 대수학을 고안했다. 그리고 소설가 루시 클리퍼드와 결혼했으며, 어린이 이야기책을 썼고, 이탈리아 해안에서 좌초된 배에서 살아남기도 했다.[1] 그러나 오늘날 그를 가장 잘 기억하게 하는 것은 '믿음의 윤리'라는 단 한 편의 에세이이며, 이성의 중요성을 다소 엄격하

지만 열정적으로 옹호하고 있다. 1877년에 쓴 이 에세이는 아직도 우리에게 교훈을 준다. 나는 이것을 이성의 가치를 적극 옹호할 때 도착대로 쓸 것이다.

클리퍼드는 강경한 자세를 취한다. "충분하지 않은 증거를 가지고 무엇인가를 믿는 것은 언제나, 어디에서나, 누구에게나 그르다." 그는 배에 관한 이야기를 가지고 이 주장을 소개했다. 리얼리티 TV 프로그램 형식으로 이야기해보자. 얼마 전에 미국의 대형 항공사가 보잉 737기의 피로 균열 검사를 수행하지 않았다는 이유로 연방항공국으로부터 수백만 달러의 벌금을 부과받았다. 이런 기사에 대해 명쾌한 몇 가지 질문을 던질 수 있다. 회사의 경영진들은 검사를 고의로 무시했는가, 아니면 비용이 발생하는 이런 검사는 불필요하다고 (그렇게 생각했다고 알지도 못한 채) 확신했을 뿐인가? 어느 쪽이든 노래 가사에 나오는 것처럼 '누군가가 누군가에게 잘못을 했다.' 항공사 경영진이 항공기들의 안전을 진지하게 믿었다 하더라도 검사는 어쨌든 실시해야 했기 때문이다. 결국 검사의 취지는 항공기가 안전한지를 판정하는 것이다. 안전은 추측할 수 있는 것이 아니다. 여기에 클리퍼드의 주장이 있다. 경영진이 항공기가 안전하다고 실제 믿었더라도, 그리고 운 좋게도 항공기가 정말 안전하더라도 경영진은 증거 없이 그렇게 믿을 권리가 없다.

요약해보면, 증거가 충분하지 않는데도 믿음을 갖는 것은 언제나 나쁘다고 생각하는 클리퍼드의 논증은 믿음이 행동과 연결되어 있기 때문이다. 우리는 우리가 믿는 것(비행기는 안전하다) 때문에 무엇을 할지(비행한다) 결정한다. 이렇게 믿음이 행동과 연결되어 있기 때문에 충분한 증거 없는 믿음은 (위에서 본 경영진들이 그런 것처럼) 다른 사람들에게 해가 되거나 그들을 죽일 수 있는 행동으로 옮겨질 수 있다. 그것은 잘못이다.

이것이 아주 현명한 주장이라는 것은 두말할 필요가 없다. 그렇지만 클리퍼드의 에세이는 처음 쓰인 이후로 비판의 표적이 되어왔다. 대부분의 비판은 당연히 종교적인 믿음의 합리성을 옹호하려는 사람들에게서 나왔다. 예컨대, 보수적인 작가 데이비드 벌린스키는 다음과 같이 클리퍼드에 대해 맹공을 퍼붓는다. 그의 견해는 이렇다. "신의 존재를 부인하는 대중적인 논증에서 전제로 기능한다. (……) 신의 존재에 대한 증거가 충분하지 않다면 그 존재를 믿는 것이 분명 잘못이라니."[3] 벌린스키는 클리퍼드를 주류 과학자 사회에서 실험복을 입은 악당들의 두목으로 간주하고 있다. 벌린스키의 눈에 클리퍼드와 그의 추종자들은 종교를 매도하고 있다.

'신의 존재'를 부인하는 클리퍼드의 '대중적인' 논증이 실제로는 그런 것이 아니라는 것을 벌린스키가 알아채지 못한 것은 기이한 일이다. 바로 위에서 요약한 클리퍼드의 실제 논증의 결론은 신이 존재하지 않는다는 것이 아니라, 충분하지 않은 근거로 무엇인가를 믿는다는 것은 잘못이라는 것이기 때문이다. 따라서 클리퍼드에 따르면, 논증을 위해 신이 존재한다는 믿음에 대한 증거가 충분하지 않다고 가정했는데도 신이 존재한다고 믿는 것은 잘못이라는 것이 따라 나올 뿐이다. 신이 존재하지 않는다고 믿어야 한다는 것이 따라 나오는 것은 아닌 것이다. 이 점을 못 보고 지나친 사람은 벌린스키뿐만이 아니다. 위대한 심리학자이자 철학자인 윌리엄 제임스도 '앙팡 테리블'인 클리퍼드에게 응답하는 글을 쓸 때 그에 못지않은 혼란에 빠졌다. 제임스에 따르면 충분한 증거가 없어도 신을 믿는 것은 허용되는데, 종교적 믿음은 일종의 강요된 결심이기 때문이다. 신을 믿거나 안 믿거나 둘 중 하나인 것이다. 그러나 이것은 잘못이다. 신이 존재한다고 믿지 않는 것과 신이 존재하지 않는다고 믿는 것은 같지 않기 때문이다. 나는 "집사가 그것을 했다."고 믿지 않을 수 있지만, 그렇다고 해서 내가 집사가 무고하다고 생각한다는 뜻은 아니다. 말하자면 배심원이 판단을 유보할 수도 있는 것이다. 벌린스키와 제임스가 신이 존재한다고 믿거나 신이 존재하지 않는다고 믿는 두 가지 선택지만 있다고 생각하는 것은 마찬가지 잘못이다. 실제로는 세 번째의 선택지가 있다. 미결정의 상태가 그것이다. 클리퍼드의 주장은, 증거가 어느 한쪽을 믿게 만들 만큼 강력하지 않다면 그쪽을 믿을 권리가 없다는 것이다.

그렇지만 클리퍼드의 논증은 분명히 도가 지나친 면이 있다. 우리 모두는 항공사 경영진의 행동이 잘못이라는 것에 동의할 수 있다. 충분한 증거를 획득하지 못하면 사람을 다치게 할 수 있기 때문이다. 그렇다고 충분하지 않은 증거를 믿는 것이 언제나 잘못인 것은 아니다. 결국 회의론 논증이 보여주는 것은 우리가 그렇게 하고 싶어도 모든 것에 대한 증거를 제시할 수 없다는 것이기 때문이다. 가장 근본적인 인식적 원리와 관련해서는 악순환 없이 증거를 제시하는 것은 불가능하다. 그럼에도 어쨌든 우리는 그것을 믿을 것이다. 우리는 무엇인가를 당연하게 받아들여야 한다. 흄이 말한 것처럼 우리는 원래 그렇게 생겨 먹었다. 어떤 믿음의 방법의 신뢰성에 대해 증거를 제시할 수 있든 없든 나의 '자연스러운 본능'은 그 방법을 신뢰하게 만든다. 그렇다고 해서 나를 비난할 수는 없다.

이것은 신앙의 승리처럼 보이는데, 어떻게 보면 그런 면이 있다. 그러나 한 가지 의미에서만 그렇다. 이것은 클리퍼드의 부정적 논증, 그러니까 그가 증거 없는 믿음을 비판한 것이 도가 지나쳤다는 것만 보여준다. 하지만 클리퍼드는 다른 주장도 했는데, 그 주장은 종종 못 보고 지나친다.

> 사회에 위협이 되는 것은 그 사회가 잘못된 것을 믿는다는 것만이 아니다. 물론 그것도 충분히 위험하기는 하지만 그것보다는 경솔하게 믿는다는 것, 믿을 것을 검사하고 탐구하는 습관을 잃는다는 것이 훨씬 더 위험하다. 그

렇게 되면 사회는 야만의 상태로 되돌아갈 것이다.[4]

내 생각에는 검사하고 탐구하는 이 '습관'이 클리퍼드가 정말 관심을 가진 것이었다. 부당한 방법과 관련되어 생기는 문제는, 부당한 방법이 부당한 믿음을 낳고, 그것이 다시 부당한 탐구 방법과 습관을 낳는 식으로 반복된다는 것이다. 클리퍼드는 이렇게 말한다. "인간성의 성스러운 전통은 전통의 권위에 근거해서 받아들이고 믿는 진술들로 이루어진 것이 아니라 올바르게 묻는 질문들, 그리고 또 다른 질문들을 물을 수 있게 하는 개념들, 그리고 질문들에 대답하는 방법들로 이루어져 있다."[5] 간단하게 말해서 클리퍼드는 우리를 단지 꾸짖는 것이 아니다. 그는 우리에게 특정 태도와 열린 탐구를, 그리고 거기에서 도출되는 원리들을 수용하라고 말하는 것이다. 그는 이것은 전통을 지키지 않는 또 하나의 전통이라고 약간의 아이러니를 섞어 말하는데, 이런 것도 전통이라면 전통이다. 우리가 할 수 있는 한 스스로 철저히 생각해보는 또 하나의 전통인 것이다.

클리퍼드는 비난이나 책임 같은 도덕 개념을 적절하지

않게 믿음에 부여한다고 비난받기도 한다. 우리는 스스로 통제할 수 있는 행동에만 비난(또는 칭찬)받을 수 있기 때문에 그런 부여가 적절하지 않다는 것이다. 우리는 믿음을 직접적으로 통제하지 못한다. 우리는 무엇인가가 참이라고 느끼거나 느끼지 못할 뿐이다.[6] 이런 주장은 클리퍼드의 견해를 문자 그대로 해석하면 비판이 되겠지만 그의 정신까지 비판하지는 못한다. 우리는 우리 믿음을 직접 통제할 수는 없지만 우리가 믿는 것에 영향을 끼치는 다른 것들을 통제할 수 있기 때문이다. 연구를 어떻게 수행하려고 하는지, 어떤 질문을 던지는지, 어떤 근원을 참조하는지, 데이터를 다루면서 어떤 방법을 사용하는지를 통제할 수 있는 것이다.

더 일반적으로 말하면, 우리는 원리들에 대한 수용을 포함해서 수용에 대해 책임을 진다. 어떤 원리를 수용한다는 것은■ 그 원리를 참이라고 믿고, 무엇을 생각하고 해야 할지 숙고할 때 그것을 전제로 사용하는 정책을 채

■ 이 책에서는 동사 commit 또는 명사 commitment를 '수용한다'와 '수용'으로 번역했다. 이것은 어떤 생각을 받아들인다는 뜻이다. 그 자세한 내용이나 '믿음'과의 차이점에 대해서는 필자가 이어서 자세히 설명하고 있다. 역주

택한다는 뜻이다.[7] 수용은 믿음과 구별된다. 어떤 원리를 믿지는 않지만 수용할 수는 있다. 이것은 어떤 이론을 수용하고 후속 추론을 할 때 거기에 의존하면서도 그 이론의 궁극적인 참에 대해서는 불가지론적인 태도를 취하는 과학자와 마찬가지다. 또 수용하지 않고서 믿는 것도 가능한데, 어떤 것에 대한 느낌에 근거해서 행동하는 정책을 채택하는 것이 현명하다고 생각하지는 않지만 그것이 참이라고 느낄 수는 있기 때문이다. 수용은 또 단순한 가정이 아니다. 어떤 원리를 정말 수용한다는 것은 그것이 참임을 받아들여 그것에 대해서 더 이상 의심하지 않겠다는 뜻이기 때문이다. 또 다른 고려 사항이 생겨서 재고해야 하기 전까지는 그 원리에 대한 논란은 끝났다고 간주한다.[8]

그렇다면 클리퍼드에게서 배우는 진짜 교훈은 "충분한 증거가 없이는 믿지 마라."와 같은 명령이 아니다. 그것은 우리가 어길 수 없는 법칙이다. 진짜 교훈은 시민사회의 선을 위해서는 이성이라는 이념을 반드시 수용해야 한다는 것이다. 이런 이념을 수용하는 것은 회의론자의 태도와 공유하는 면이 있다. 클리퍼드는 우리가 기꺼이 질문을 던져야 하고 설명을 찾아야 한다고 말한다. 그런데 섹스투스가 보여준 것처럼 회의론자도 그 극단까지 나가면 수용은 절대 하지 않고 질문만 하는 사람이다. 그것은 삶을 살아가는 방식이 아니다. 클리퍼드의 생각에 중요한 것은 질문 그 자체가 아니라 올바르게 묻는 질문인 것이다. 클리퍼드가 널리 알린 이성이라는 이념은 인식적 원리들, 그러니까 "질문을 계속 던져라."와 같은 방법을 추천하는 원리들에 대한 수용까지 수반하는 것이다. 이것은 이성을 신뢰하는 사람의 태도이며, 클리퍼드의 생각에 바로 이것이 부족하면 우리 사회에 해가 된다.

이 책에서 나는 '이성'(이유)이라는 단어를 과학적 방법을 구성하는 근본적인 인식적 원리에 대해서 말하기 위해 사용하고 있다. 통제된 실험, 귀납, 논리적 추론에 특권을 주는 원리들이 그 대표적인 사례가 될 것이다. 이 원리들은 어떤 믿음의 근원들을 신뢰해야 하는지 말해준다. 증거가 없어도 그런 근원들을 신뢰해야 한다는 흄과 회의론자들의 주장은 옳다.[9] 그러나 클리퍼드의 논증을 되새겨보면 이유를 믿는다는 것, 이유에 대한 신념을 갖는다는 것이 결국 무엇인지를 알게 된다. 이유에 대한 신념을 갖는다는 것은 이런 근본적인 인식적 원리들을 수용한다는 것이다. 곧 최대한 제한을 두지 않고 개방적인 방식으로 논리적 추론과 관찰을 사용하는 방침을 채택한다는 것이다. 그렇게 함으로써 그것들이 신뢰성이 있다는 것을 수용하는 것이다. 비록 그런 근원들을 사용하지 않고서는 그것들이 신뢰성이 있다는 것을 보여줄 수 없지만 말이다. 그렇지만 이런 수용이나 신념이 맹목적인 것은 아니다. 나는 나의 근본적인 원리들을 정당화할 수 있다. 나는 이 원리가 시민사회를 움직이게 하는 데 얼마나 중요한지를 보여줌으로써 정당화할 수 있다. 나는 철학자들이 실천적 이유라고 부르는 것을 제시할 수 있다. 실천적 이유란 선에 대한 목적, 계획, 개념이 주어졌을 때 무엇인가를 시행하는 이유를 말한다. 그것은 보통 도덕적이고 정치적인 논쟁에서 제시되는 이유다. 원리를 수용한다는 것은 어떤 행동을 한다는 뜻이다. 그 원리를 사용하는 정책을 채택하고, 그럼으로써 그 원리가 믿을 만하다고 추천하는 근원에 의존하는 것을 말한다. 따라서 근본적인 인식적 수용에 대한 인식적 이유가 없다 하더라도 특정 근원을 신뢰하는 이유를 제시하지 못한다는 뜻은 아니다. 그런 원리를 수용하는 실천적인 이유는 여전히 제시할 수 있기 때문이다. 이것이 내가 4장에서 전통을 도착점으로 간주해야 한다는 주장에 반대하며 내세운 논증이기도 하다. 그리고 클리퍼드 자신이 넌지시 말했듯 과학의 핵심적인 원리들에 대한 수용을 옹호하는 것이 가능한 이유이기도 하다.

이것은 내가 이 장에서 펼칠 전략이다. 나는 이성(이유)의 실천적 합리성을 옹호하는 논증을 제시할 것이다. 내가 드러내려는 이유는 근본적인 인식적 수용에 반대하는 사람들에게 2장에서 설명한 의미에서 제시할 수 있는 이유이기도 하고, 그런 수용을 평가하는 데 사용할 수 있는 이유이기도 하다. 간단히 말해서 그런 이유는 공적 이유다. 우리가 가질 수 있는 모든 인식적 수용 각각에 대한 특정 이유들을 나열한 목록을 지금 찾아내는 것은 확실히 불가능한 일이다. 가능하다 하더라도 도움이 되지 않을 것이다. 인식적 수용을 하는 좋은 이유를 판별할 수 있는 절차를 수립하는 것이 더 필요하다. 이 장에서 그런 절차를 설명하고 옹호하겠다.

그러나 그렇게 하기 전에 내가 어떤 종류의 절차는 따

르지 않을지 간단하게 펼쳐 보이겠다. 그렇게 하면 내가 인식적 수용의 실천적 합리성을 옹호하는 신중한 논증이라면 만족해야 한다고 믿는 두 가지 중요한 조건들을 이해할 수 있기 때문이다.

우리는 이미 인식적 수용에 대해 제기될 수 있는 나쁜 실천적 이유를 한 가지 살펴보았다. 수용이 합리적인 까닭으로, 문제 되는 원리가 전통에 의해서 승인된다거나 사회적으로 정착된 삶의 형식의 일부라거나 권위자에 의해서 채택되었기 때문이라고 주장할 수 있다.[10] 우리는 이런 식의 호소가 그리 설득력 없음을 보았다. 나는 무엇보다 그것은 민주적이지 못하다고 주장했다.

두 번째로 언급해야 할 것으로, 그리고 거부해야 할 것으로, 우리의 선호를 최대화하는 인식적 원리들을 수용해야 한다는 주장이 있다. 다른 말로 하면, 합리적인 인식적 수용은 최대 다수를 행복하게 만드는 것이라는 주장이다. 우리 모두의 선호가 같다면 이런 주장도 올바를 수 있다. 하지만 근본적인 인식적 원리에 대해서 우리의 의견이 이미 일치하지 않는다면 우리의 선호도 같지 않을 것이다. 결국 사람들이 원하는 것은 모두 다르다. 그

중 어떤 것들은 고상하고 어떤 것들은 그렇지 않다. 그리고 많은 것들은 충돌한다. 예컨대, 우리는 작은 정부를 원하면서 큰 군대를 원한다. 또 도넛을 먹고 싶지만 날씬해지고 싶기도 하다. 그리고 진리에 이르는 데 도움 되는 인식적 원리를 원하지만 우리가 이미 믿는 것을 확증해주는 '사실'도 원한다. 따라서 우리의 모든 선호들을 평균 낼 수 있는 방법이 어떻게든 있거나 우리 선호 중에서 가장 널리 받아들여지는 특정 선호의 가치만을 택한다 하더라도, 결국에는 우리가 듣고 싶은 것을 단순히 나열하기만 할 뿐만 아니라 모순적인 원리들을 승인하게 된다. 자유주의자가 됐든 보수주의자가 됐든 이것이 좋은 생각이라고 말할 사람은 아무도 없을 것이다. 인식적 재앙으로 가는 지름길이 될 수 있다.

그러나 이것은 인식적 원리를 수용하는 가장 명백한 이유를 무시하지 않는가? 과학적 원리를 생각해보자. 그런 원리를 수용하는 가장 명백한 이유는 그 원리가 결과를 얻게 해준다는 것이라고 생각할 수 있다. 다리를 세워주고, 집에 난방을 해주고, 질병을 치료해주는 것은 과학이다. 그리고 그것만으로도 과학적 원리를 수용하는 것은 아주 합리적으로 보인다. 과학적 원리는 다른 인식적 원리들보다 정말 더 유용하다.

나는 동의한다. 동의하지 않을 사람을 알기 어렵다. 과학은 유용하다. 그렇지만 이런 주장을 하는 것은 여기서 도움이 되지 않을 것 같다. 과학의 업적에 초점을 맞추는 것은 이성(이유)에 대한 회의론을 확실하게 불식할 수 없을 것이기 때문이다. 첫째, 과학적 이성(이유)에 대한 회의론자들은 과학에 대해서 전반적으로 회의적인 것은 아니다. 그들은 특정 영역에서 과학이 쓸모가 있는지에 대해 이의를 제기할 뿐이다. 그뿐만 아니라 과학이 결과를 얻게 해주기 때문에 신뢰성이 있다고 생각한다면 그 주장은 그 결과가 우리가 원하는 것인지에 좌우된다. 더 나아가서 과학적 이성이 다른 방법보다 우리가 원하는 것을 더 잘 얻게 해주느냐는 물음은 부분적으로 논란거리다. 우리가 원하는 것을 과학이 성공적으로 얻게 해준다는 것은 그 방법이 진리를 얻기 위한 신뢰성 있는 수단인지에 따라서 달라지기 때문이다. 과학의 방법이 진리를 얻기 위한 신뢰성 있는 수단인가는 물론 논란을 불러일으킨다. 예를 들어, 토라나 성경이나 코란이 지구의 기원에 대한 진리를 얻기 위한 더 뛰어난 수단이라고 생각하는 사람들도 똑같은 주장을 하기 때문이다.

그러므로 이상과 같은 이유들은 도움이 되지는 않지만 그래도 다시 한번 반성해보는 것은 도움이 될 것이다. 우리는 근본적인 인식적 수용이 비판받을 때 우리가 호소할 수 있는 이유를 식별할 수 있는 방식을 찾고 있다. 반성의 결과, 이유를 식별할 수 있는 좋은 절차는 두 가지 조건을 충족해야 한다는 것이 드러난다. 각 조건은 우리의 상황에서 어떤 특징들을 추상화한 것이다.■

첫째, 우리의 실제 선호를 추상화한 원리를 수용하는 이유를 식별할 수 있는 방식이 필요하다. 그렇지 않으면 우리 자신의 가치 체계와 편견의 관점에서 원리들을 선호하는 '이유'만 제시할 것이다. 그런 이유들은 객관적이 아니다. 우리의 관점을 이미 공유하지 않은 사람들은 그것을 이유로 인정하지 않을 것이다.

둘째, 우리는 진리로부터 추상화된 원리들을 수용하는

■ 여기서 '추상화'했다는 것은 각 상황들이 가지고 있는 고유의 특성들은 제거하고 공통적인 특성만 모았다는 뜻이다. 역주

이유들을 식별할 수 있는 방법이 필요하다. 회의론 논증은 우리의 가장 근본적인 인식적 원리들에 대한 인식적 이유를 제시할 수 없다는 것을 보여주었다. 따라서 선결문제 요구의 오류*를 피하려 한다면, 어떤 인식적 원리들이 참이라고 미리 가정하지 않는 이유를 골라낼 수 있는 방법이 필요하다.

이런 조건들을 만족하기 위한 나의 전략은 두 부분으로 전개된다. 첫 번째 부분은 과학 활동을 구성하는 근본적인 인식적 원리들의 특성이 독특하게도 '공개적'이라고 주장한다. 그런 원리는 '공적인' 이성, 곧 공통의 관점에서 평가될 수 있는 이성을 생성한다. 두 번째 부분은 회의론의 반론과 상관없이 이러한 장점을 가지고 있는 근본적인 원리들을 수용하는 것은 실천적으로 합리적이며, 다른 근본적 원리들과 상대적으로 그런 원리들을 우대해야 한다고 주장한다.

---

* 증명해야 하는 바로 그 주장을 근거(이유)로 삼아 증명할 때 저지르는 오류를 말한다. 여기서는 인식적 이유를 증명해야 하는데, 바로 그 인식적 이유가 이유가 될 때 이런 오류에 해당한다. 이 책의 앞에서 여러 번 말한 악순환과 같은 뜻이다. 역주

2. 객관성과 공통의 관점

우리의 질문을 다음과 같이 표현해보겠다. 과학적 방법과 활동을 다른 것보다 더 신뢰하는 이유는 무엇인가? 위에서 언급한 것처럼 나는 과학의 업적보다는 그 업적을 어떻게 성취하려고 했는지에 초점을 맞추겠다. 과학적 방법은 그 결과와 상관없이 장점이 있기 때문이다.

올바른 활동이나 방법을 알기 위해서는 잘못된 활동이나 방법도 아는 게 때때로 도움이 된다. 적절한 예를 들어보자. 1998년에 앤터니 웨이크필드 박사와 동료 연구자들은 영국의 우명 의학 학술지 《랜싯》에 흥미로운 논문을 실었다. 이 논문은 홍역, 유행성 이하선염, 풍진MMR

혼합 백신과 어린이 자폐증 사이에 인과적 관계가 있다고 주장한다. 이 논문의 영향은 엄청나게 컸다. 논문이 실린 후 미국, 아일랜드, 영국에서 백신 접종률이 놀랄 만큼 떨어졌고, 홍역 발병률은 증가했다.[11] 게다가 이 논문은 여러 나라에서 이미 존재하는 예방 접종과 백신에 대한 일반적인 회의론에 불을 지폈다.

《랜싯》은 대단히 중요한 과학 출판물이다. 거기에 논문을 게재하는 것은 보통 일이 아니며, 다양한 논문 심사 과정을 거친다. 그런 과정을 거쳤는데도 웨이크필드의 논문은 그 결과와 거기에 이른 방법—데이터의 작은 샘플까지 포함해서—에 회의적인 연구자들에게서 즉각적인 비판을 받았다. 연구 결과를 반복해보려는 시도들이 이어졌지만 실패했다. 2009년에 기자들은 데이터 자체가 광범위하게 조작되었음을 밝혀냈다. 연구 결과는 사기였다. 웨이크필드는 그 결과 해임되었고, 《랜싯》은 논문을 철회했다.

이런 사례들은 마음을 착잡하게 만든다. '과학적 성과'는 오류뿐만 아니라 (잘못된 결과가 훌륭한 학술지에 실릴 수 있다) 부정도 개입할 수 있다는 것을 보여주기 때문이다. 과학자들의 명성과 부에 대한 갈망과 자신들이 이미 '안다'고 생각하는 결과를 검증하고 싶은 욕망이 데이터를 조작할 수 있는데, 그 결과는 재앙 수준이 될 수 있다. 과학은 하나의 제도이도 다른 제도와 마찬가지로 오류와 문젯거리를 낳을 수 있다. 과학자들도 덜 음침하긴 하지만 때때로 거짓말을 하고, 형편없는 실험을 하기도 한다는 사실은 새삼스러운 일이 아니다. 그런데도 새삼스럽게 생각되는 것은, 우리가 매의 눈으로 진리를 추구하는 과학자의 모습에 익숙해져 있기 때문이다. 어떤 과학자는 그런 모습을 여전히 지니고 있다. 그렇지만 다른 직업처럼 과학자도 여러 유형이 있다. 어떤 과학자는 착하고, 어떤 과학자는 정직하지만, 덜 그런 과학자도 있다. 전혀 그렇지 않은 과학자도 있다.

그러나 웨이크필드 사례는 다른 점도 보여줄 수 있다. 과학은 자기 수정적인 특성이 있다는 것이다. 웨이크필드의 과학 연구에서 오류를 처음으로 지적한 사람들은 다름 아닌 과학자들이었다. 다른 과학자들이 최초의 회의론자였던 것이다. 과학이 잘못된 방향으로 나아갈 때 과학 연구를 더 수행함으로써 그 과학이 잘못된 방향으로 가고 있음을 보여줄 수 있다. 과학은 이런 특성 때문에 그 본성상 수정과 거리가 먼 다른 활동과 구분된다. 4장에서 논의했던 가정주의나 심리 분석을 생각해보라. 그 이론들은 자기 이론이 비판받는 것은 곧 이론의 정확성을 드러내준다고 주장한다. 사실상 자기는 언제나 옳다고 주장하는 이론들은 자기 수정적이지 않은데, 그 이론들 자체의 방법으로 수정을 수행할 수 없기 때문이다. 바로 그렇기 때문에 우리는 그런 이론들을 신뢰해서는 안 되는 것이다. 그런데 과학 이외에도 자기 수정적이라고 자처하는 방법론이 있다. 만약 신에 의해서 계시를 받았다고 믿었는데 사실은 계시를 안 받았다면, 신의 계시를 더 받음으로써 그런 오류를 수정할 수 있다는 견해가 그것이다. 이런 견해는 신의 계시가 애초부터 신뢰성 있는 믿음 형성 '방법론'이라는 가정에서 성립하는데, 이것은 문제가 많은 가정이다. 하지만 우리는 여기서 더 일반적인 교훈을 배울 수 있다. 애초부터 옳을 수 없는 방법론은 자기 수정적일 수 없다는 교훈이다. 그리고 우리의 목적을 위해서 더 중요한 교훈은, 비판으로부터 옳다는 것을 옹호할 수 없는 방법론은 비판으로부터 자기 수정적이라는 것도 옹호할 수 없다는 것이다.

과학이 자기 수정적이라는 생각은 다른 방법론과 구분되는 과학 방법론의 근저에 있는 원리들에 대해서 무엇인가를 깨닫게 해준다. 과학적 탐구 원리의 특별히 공개적인 특성이 그것이다. 그런 원리가 만들어내는 이유는 공적인 이유, 다시 말해 공적인 관점에서 인정받을 수 있는 이유다. 나는 과학이 이런 특성을 가지고 있다는 사실은 이유에 대한 회의론자에게조차도 특별히 논란거리가 된다고 생각하지 않는다. 앞으로 보겠지만 그 점이 내 주장의 일부다.

첫째, 과학은 물론 과학적 결과의 평가는 단체 작업이다. 장기간에 걸쳐 이루어지는 과학 연구의 성공 여부는 한 사람이나 소수 집단이 아니라 훨씬 큰 집단에 의해서 판단된다. 이런 의미에서 과학의 판단은 상호 주관적이다. 물론 과학에서 적절한 판단을 하는 사람들은 일반적으로 다른 전문가들이다. 그러나 이런 전문가 집단에는 당대의 전문가들뿐만 아니라 후속 세대의 전문가도 포함된다. 과학은 그렇게 오랜 기간을 거쳐 평가받는다. 과학 연구가 어떤 신뢰도를 얻기 위해서는 처음부터 동료 과학자들의 검증을 거쳐야 한다. 이 동료 과학자에는 경쟁하는 가설과 이론에 관여하는 과학자들도 포함되어야 한다. 또 중요한 점은, 위에서 말한 웨이크필드의 일화가 말해주는 바처럼 이러한 비판적 검증 과정은 유명 학술지에 그 결과를 게재하는 것만으로 끝나는 것이 아니라는 것이다.[12] 검증과 실험을 반복해보려는 시도는 연구 결과의 출판 이후에도 계속될 수 있고, 실제로 계속된다. 게다가 이런 연구는 미래의 추가 연구를 통한 공개적인 반박을 지속적으로 허용한다.

과학 활동은 상대적으로 투명하다. 과학자의 경력은 동료들의 심사를 받는 학술지에 연구 결과를 얼마나 많이 게재했느냐에 따라 달라진다. 그렇지만 이런 학술지의 목적은 승인 도장을 찍는 것만이 아니다. 학술 대회나 세미나와 마찬가지로 학술지는 과학 연구를 공유하기 위해서 존재한다. 이 말은 과학의 문제들과 씨름하는 수많은 사람들이 처음부터 출발하는 작업을 반복할 필요가 없고 다른 사람들의 연구를 발판으로 삼을 수 있다는 뜻이다. 그러나 이런 공유와 상대적인 투명성은 데이터가 질문이나 반박, 다른 말로 공적인 평가에 공개될 수 있음도 뜻한다. 실제로 이 투명성의 기대치는 상당히 높아서 그것을 위반하면, 심지어 위반이라는 의심만 들어도 언론의 주목을 받고 여론의 뭇매를 맞기도 한다. 몇 년 전의 이른바 기후 게이트가 그 실례다. 2009년에 영국 기후학자들의 이메일 해킹을 통해 두 가지가 폭로되었다. 첫째는 과학자들이 지구온난화와 일관되지 않은 (그렇게 생각되는) 데이터를 고의로 '숨겼다'는 것이고, 둘째는 자신들의 견해와 안 맞는 논문들의 출판을 막고 있었다는 것이다. 2010년에 독립적인 영국 정부 조사단은 이런 혐의가 대부분 거짓이라고 발표했다. 기후 변화의 비판자들은 예상대로 이 발표를 추문을 숨기기 위한 속임수라고 평했다. 텍사스교육위원회의 위원들이 과학자들은 진화론을 위해 데이터를 조작했다고 주장하는 것과 비슷하다. 두 주장 모두 근거가 없지만 그런 주장들이 이루어지기라도 한다는 사실은 내가 여기서 주장하려는 바를 지지해준다. 투명성은 과학적 규범으로 잘 확립된 것으로, 과학과 관련된 정치적 트론에서 일정한 역할을 한다는 것이 그것이다. 투명성은 과학의 공적인 성격의 일부다. 그러기에 이런 투명성을 의심할 만한 일이 생기면 여론의 관심이 쏟아지는 것이다.

내가 앞서 공개성이라고 부른 것, 즉 공통의 관점에서 판단할 수 있는 이유와 증거를 생성하는 능력을 과학 활동에 부여한 것은 일부 과학적 원리의 상대적인 투명성과 상호 주관성 때문이다. 그러나 적어도 세 가지 다른 요소들도 언급해야겠다. 첫째, 과학 방법과 과학 방법이 의존하는 더 기본적인 방법은 고도로 반복 가능하다. 이 말은 비슷한 경우에 비슷한 결과를 내놓는다는 뜻이다. 견고한 실험 방법론은 반복이 계속해서 일어나게 한다. 따라서 결과의 확증(또는 반증)을 가능하게 한다는 생각은 물론 친숙하다. 하지만 반복 가능성은 과학이 이용하는 가장 기본적인 방법과 근원의 특성이라는 점을 새삼 강조할 만한 가치가 있다. 지각적인 관찰을 예로 생각해 보자. 내가 방에서 의자를 보고 지각한 다음, 같은 조건—조명과 나의 시각 등이 똑같고 방에 아무도 드나든 사람이 없는—에서 다시 본다면, 거의 절대적 확률로 그 의자를 다시 지각할 것이다. 논리적 연역과 비슷한 상황이다. 어떤 정리를 오늘 증명하고 내일 또 증명할 수 있다면, 내가 올바르게 추론하고 있다는 가정 아래에서 그 결과는 오늘이나 내일이나 같을 것이다.

둘째, 인간들은 관찰, 연역, 귀납과 같은 기본적인 방법들을 자연스럽게 터득한다. 흄이 말한 것처럼 그것들은 자연스러운 본능이다. 그것은 인간이 논란의 여지 없이 선천적으로 가지는 유일한 방법이다. 대부분의 사람들은 그 능력을 적어도 어느 정도 활용할 수 있다. 셋째, 이런 기본적 방법들은 또한 대단히 적응성이 있다. 실제로 논리의 본질적인 부분은 어떤 문제에도 적용될 수 있다. 지각은 그 정도로 적응성은 없지만(여컨대, 지각을 이용해서 추상적인 수학 문제를 풀 수는 없다) 다양한 문제들을 다룰 때 도움이 될 수 있고 실제로 도움이 된다.

요약하자면, 과학 활동이 비교적 상호 주관적이고, 투명하고, 반복 가능하고, 자연적이며, 적응성이 있다는 것은 과학 활동을 독특하게 만드는 일부 요인이다. 이런 특성들 때문에 과학은 공개적인 성격을 띠고, 구체적으로 적용된 과학적 방법은 상대적으로 공개적이고 독립적으로 판단될 수 있다. 지구의 기원을 알기 위해서 신의 계시나 성경을 찾아보는 방법을 비교해보자. 이 방법들이 실제로 신뢰성이 있는지는 제쳐두고라도 과학적 방법과 달리 상호 주관적이지도 투명하지도 못하다는 것은 분명하다. 그 방법이 성공하느냐(또는 실패하느냐)는 개인적인 판단의 문제고, 그 결과는 실험 결과와 달리 공유되지도 않는다. 그런 방법을 사용하는 사람들 사이에 생기는 불일치는 독립적인 판결을 받기 위해서 공개되지도 않는다. 실제로는 바로 이 사실, 그러니까 과학적 방법과 달리 그 방법은 공적인 판결을 받기 위해 공개되지 않는다는 사실 때문에 창조론이나 '지적 설계론'의 옹호자들은 자신들의 견해가 적어도 과학적으로 보이기 위해 매우 애를 쓴다. 그렇게 해야 자신들의 견해와 그 견해를 도출하기 위해 사용하는 방법이 더 객관적으로 보이고, 그래야 제도권 학교에서 가르칠 만하게 보일 수 있기 때문이다.

그러나 과학적 원리들을 공개적이게끔 하는 특성들은 과학 활동을 종교 활동과 구분하기만 하는 것은 아니다. 이런 장점들을 적극적으로 이용하면 어떤 과학 활동이 신뢰할 만한지 아닌지 (또는 다른 과학 활동만큼 신뢰성이 있는지) 판단하는 데 도움이 된다. 2010년에 하버드대학교의 심리학자인 마크 하우저의 타마린 원숭이 언어 연구가 조작된 데이터를 사용했음이 드러났다.[13] 이런 폭로 이전에 그의 연구에 대한 의문은 이미 널리 퍼져 있었다. 그의 방법을 반복해도 같은 결과가 나오지 않았기 때문이다. 예를 들어, 타마린 원숭이가 갤럽 테스트(거울 속의 자기 인식)를 통과했다는 하우저의 주장은 다른 연구자들이 해봐도 반복되지 않았다. 하우저의 지지자들은 그 이유가, 그가 타마린 원숭이의 운동을 해석하는 데 탁월한 기술이 있을 뿐만 아니라 유인원 실험실이 많지 않기 때문이라고 책임을 돌렸다. 이 말이 사실이든 아니든 상관없이(나중에 하버드 조사단의 후속 폭로에서 보면 그 말이 사실이라고 보기 어렵다), 투명성과 반복 가능성이라는 가치는 하우저의 연구를 여러 방법으로 판단할 때 핵심적인 역할을 하고 있다.

그러므로 과학의 기저에 놓여 있는 원리들은 그 성격상 공개적이다. 그 원리가 추천하는 방법들이 공적인 이유를 생성하는 데 쓰일 수 있기 때문이다. 이것은 다시 우리가 왜 그런 이유를 객관적이라고 생각하는지를 설명해준다. 객관적인 이유는 특정 개인의 관점에 따라서 그 강도가 달라지는 이유가 아니다. 과학적 원리에 독특한 공개성을 부여한 특성은 그 원리가 생성한 이유를, 적어도 한 가지 의미에서 우리가 왜 객관적으로 생각하는지도 설명해준다. 객관적인 이유는 공평하다. 우리는 공유된, 공통의 관점에서 객관적인 이유를 이유라고 판단할 수 있는 것이다. 그러나 조심해야 할 점이 있다. 이유가 객관적이라고 모든 주관성에서 벗어나 있다는 뜻은 아니다.[14] 객관적 이유는 '가치중립적'인 것이 아니다. 가치중립적이라는 것은 불가능한데, 내가 이 책에서 이해하는 인식적 원리들은 다름 아닌 가치들이기 때문이다. 그 원리들은 어떤 근원과 방법을 신뢰해야 하는지 우리에게 말해주는 것이다. 객관적인 이유에서 중요한 것은 그것을 무관점, 말하자면 '어떤 관점도 취하지 않고' 평가할 수 있느냐가 아니라 많은 관점들에서 평가될 수 있느냐다. 이유는 그 참과 거짓이 다양한 관점에서 판단될수록 객관적이기 때문이다.[15] 그것이 바로 공통의 관점으로 의미하는 바다. 그런 이유는 다른 사람의 말을 꼭 들어봐야만 평가할 수 있는 것이 아니다. 우리가 적어도 어느 정도는 스스로 이유를 검사할 수 있다고 했다. 따라서 '객관적 이유'에서 중요한 것은 진리나 거짓이 아니라 이유를 판정할 수 있는 방식이다. 이런 의미에서 객관성이라

는 것은 곧 공통의 관점에서의 평가를 허용하는 공개성이다.[16]

3. 왜 그 방법을 선택해야 하는가

나의 전반적인 계획을 말해보면 다음과 같다. 우리의 근본적인 인식적 원리에 의심을 품은 사람들에게 그 원리에 대한 인식적 이유를 제시할 수 없다고 해서 그 원리에 대해 어떤 이유도 제시할 수 없는 것은 아니다. 더 정확히 말하면 우리의 원리를 수용하는 이유를 제시할 수 있다. 이때 원리를 수용한다는 것은 그 원리에 따라 기꺼이 행동한다는 것이고, 그 원리가 신뢰성이 있다고 추천하는 방법을 사용한다는 것이다. 우리는 다른 종류의 수용을 옹호하는 것과 마찬가지 방식으로 실천적이거나 윤리적인 이유를 제시함으로써 인식적인 수용을 옹호할 수 있다. 우리는 지금까지 과학의 기저를 이루는 원리는 공통의 관점에서 인정할 수 있는 공적인 이유를 생산하는 데 쓰일 수 있다고 말했다. 그 정도면 그런 원리들을 수용하는 것이 합리적임을 충분히 보여주지 않았냐고 생각하는 사람도 있을 것이다. 어떻게 보면 그렇다. 하지만 공개적인 원리의 가치를 이미 기꺼이 인정하고 있다는 가정 아래에서만 그렇다.

이것은 우리가 이유의 합리성을 옹호하는 목표를 절반만 달성했다는 뜻이다. 우리는 과학 활동의 (이상적인) 핵심에 있는 원리들을 포함해서 특정한 인식적 원리들은 객관적이고 공적인 이유를 생산할 수 있다고 보여주었다. 이제 필요한 것은 그런 원리들을 수용하는 실천적 합리성을 공적인 이유에 근거해서 옹호하는 논증이다. 공통의 관점을 갖게 하는 원리들은 그 자체가 공통의 관점에서 정당화가 가능하다는 것을 보여줄 필요가 있다.

나는 그런 논증을 제시할 수 있다고 생각한다. 핵심 아이디어는 다음과 같다. 우리가 수용해야 하는 근본 원리들은 자신의 이익을 도모하는 사람들이 인식적, 사회적으로 동등한 위치에서 받아들일 만한 원리들이다. 그런 위치에서 받아들여지는 원리들은 공개적이고 객관적이다. 따라서 그런 원리들을 수용하는 것은 합리적이다.

나는 이런 주장을 가상의 게임에 대한 사고 실험을 이용해서 펼치려고 한다. 이 게임의 목적은 내가 '평행 지구'라고 부를 가상 지구의 거주민들이 가질 근본적인 인식적 수용을 다른 참가자와 협력해서 결정하는 것이다. 근본적인 인식적 수용은 근본적인 인식적 원리를 수용하는 것을 말한다. 그 원리가 인식적인 까닭은 우리에게 어떤 믿음의 근원과 방법이 신뢰성이 있는지를 말해주기 때문이다. 그 원리가 근본적인 까닭은 바로 그 근원이나 방법에 의존하지 않고서는 신뢰성이 있다고 보여줄 수 없는 근원이나 방법을 추천해주기 때문이다. 상대적으로 덜 논란이 되는 (그리고 지금까지는 매우 친숙한) 보기는 다음과 같다.

> 논리 : 참인 전제들로부터 도출되는 연역 추론은 믿을 만한 믿음 형성 방법이다.

그러나 모든 보기가 논리와 같을 수는 없다. 어떤 근본적인 원리들은, 특히 논란이 되는 것들은 한 가지 방법의 합리성을 다른 방법의 그것과 비교하는 형식을 띠고 있다. 다음이 그런 보기다.

> 과거 : 과거에 대해서 배울 수 있는 가장 신뢰성 있는 방법은 역사적 기록과 화석 기록에 귀추법을 사용하는 것이다.■

이것은 3장에서 젊은 지구 창조론자와 '가상의' 논쟁을 할 때 문제가 됐던 원리다. 젊은 지구 창조론자는 거꾸로 원시 시대, 특히 지구의 기원에 대해 배우는 최선의 방법은 성경을 읽는 것이라고 주장했다.[17]

이 가상의 게임을 '방법 게임'이라고 하자. 이 게임의 참가자들은 평형 지구에서 그런 원리들 중 어떤 것을 선택할지 결정하라는 요구를 받을 것이다. 원리를 선택한다는 것은, 그 원리가 추천하는 방법들이 널리 사용되고, 원리 그 자체를 학교에서 가르치고, 연구 계획 중 하나를

■ 귀추법은 주어진 증거들로 현상을 가장 잘 설명하는 설명 방법을 말한다. 역주

결정할 때 사용되고…… 등을 뜻한다. 간단하게 말해서 선택된 원리들은 평행 지구인들이 수용하는 원리들이다. 이 게임은 라운드별로 진행된다. 심판이 한 쌍의 근본 원리들을 탁자 위에 놓으면, 참가자들은 게임의 목적과 규칙에 따라서 원리들의 순위를 매긴다. 모든 라운드가 끝났을 때 이긴 라운드가 진 라운드보다 더 많은 원리가 이긴다. 간단히 말해서, 이 게임은 인식적 원리들의 생존 게임이다.

참가자들은 방법 게임에서 결정을 내릴 때 다음 세 가지 중요한 것들을 언제나 명심해야 한다. 이것들이 게임의 규칙이라고 생각해야 한다. 첫째, 게임 참가자들은 결국에는 평행 지구의 시민이 되어야 한다. 지금은 거기 살지 않지만 살게 될 것이다. 그러므로 그들이 평행 지구에서 어떤 원리를 채택할지에 대해 지금 내리는 결정은 자신들과 그 후손들의 삶에 영향을 끼칠 것이다. 둘째, 참가자들은 평행 지구에서 자신들의 사회적 지위가 어떻게 될지 모른다. 이 말은 그들이 평행 지구에서 자신의 상대적인 교육 수준, 인종, 사회적 계급이 어떻게 될지 모른다는 뜻이다. 따라서 그들은 게임 도중 결정을 내릴 때 평행 지구에서 사회적으로 선택된 사람들에게만 도움이 되는 인식적 원리를 선택하는 것은 현명하지 못하다. 셋째, 가장 중요한 것으로, 참가자들은 평행 지구에서 어떤 원리들이 참일지, 어떤 믿음 형성의 방법과 근원이 실제로 신뢰성이 있을지 모른다. 그들은 거기에서 어떤 방법이 참인 믿음을 더 많이 산출할지를 여기에서는 모른다. 실제로 게임을 해보면 이 부분에 대한 무지의 정도는 상당히 크다. 아는 것이라고는 평행 지구에서 결국 사용할 방법 중 어떤 것도 신뢰성이 없다는 것이다. 이 말은 어떤 원리를 선택할지 결정하는 가장 간단한 방법—신뢰성 있는 진리를 생산하는 방법을 추천하는 원리를 골라내는 것—은 아직 고려 대상이 아니라는 뜻이다. 적어도 이런 의미에서 신뢰성은 우리가 호소할 수 있는 어떤 것이 아니다.

우리 '게임'은 물론 진짜 게임이 아니다. 정치철학자 존 롤스의 매우 유명한 사고 실험을 모델로 만든 사고 실험이다. 롤스가 제시한 형태의 실험은 특정 정의의 원리를 정당화하려는 의도였다. 그의 주장은 올바른 정의의 원리(특히 부의 분배를 다루는 원리)는 "자신의 이익을 도

모하는 자유롭고 합리적인 사람이라면 평등에 관한 원초적 입장에서 받아들일 것이다."[18] 어떤 정의의 원리를 채택해야 하는가? 앞으로 취득하게 될 사회적 위치에 대해 전혀 모르는 '무지의 베일' 뒤에서 선택할 정의의 원리다. 사회적 위치를 전혀 모르는 상황에서는, 모두에게 이익이 될 때만 소수에게 특혜를 주는 원리를 채택하는 것이 합리적으로 자기 이익을 실현하는 길이 될 것이다. 나는 롤스의 훌륭한 아이디어를 우리 상황에 맞게 수정해서 활용할 수 있다고 생각한다.[19] 어떤 인식적 원리를 채택해야 하는가? 평행 지구에서 어떤 사회적 위치에 있을지 전혀 모를 뿐만 아니라 거기에서 어떤 믿음의 방법과 근원이 가장 신뢰성이 있는지도 모르는 이중의 무지의 베일 뒤에서 채택할 인식적 원리다. 인식적 불일치 상황에서 '이기는' 방법은, 다른 말로 하면 방법 게임의 더 많은 라운드에서 이기는 방법이어야 한다. 왜 그런가? 곧 주장하겠지만 특정 방법을 선택하는 것이 우리의 합리적인 자기 이익을 실현하는 길이 될 것이기 때문이다.

이런 논증을 펼치기 전에 이 게임 방법을 좀 더 자세하게 설명해야겠다. 논의의 목적을 위해서, 게임의 다른 참가자들은 최소한의 측면에서 우리와 비슷하다고 가정하겠다. 그들도 인간이고, 또 평행 지구에 계속 살 것이라는 것도 안다. 더 나아가 게임 참가자들은 모두 최소한의 지적인 능력이 있고, 여기에서나 평행 지구에서나 실천적 이성을 구사할 수 있다고 가정하겠다. '실천적 이유'는 자신의 행동에 대해 이유를 제시할 수 있고, 자신의 이익에 대해서 생각할 수 있고, 선의 개념을 가질 수 있고, 자신의 삶에 대해서 비판적인 반성을 할 수 있는 능력을 말한다. 마지막으로, 게임 참가자들은 속임수를 쓰지 않고(또는 그럴 이유가 없고) 게임을 성공적으로 수행하는 방식과 관련해서 도덕적으로 하자가 없다고 가정하겠다. 이런 가정은 물론 이상화된 것들이긴 하지만 그럴 만한 이유가 있다. 왜곡하는 변수들을 제거할 수 있는 것이다.

이중의 무지의 베일은 게임 도중에 참가자들이 특정 원리를 선호할 때 제시하는 이유를 엄격하게 제한한다. 특히 평행 지구에서 어떤 원리를 선택하는지 결정할 때, 게임 규칙은 참가자들이 원리에 대한 직간접적인 인식적 이유에 호소하는 것을 금지한다. '직접적인 인식적 이유'

는 실제 세계나 평행 지구에서 이러이러한 방법이 더 신뢰성이 있다거나 진리에 더 접근하게 할 수 있다거나 등의 이유를 뜻한다. 따라서 실제 세계에서는 관찰이 신뢰성이 있다는 이유로 평행 지구에서 관찰을 선택하는 식의 추론은 허용되지 않는다. '간접적 인식적 이유'는 "신은 어디에든 존재하므로 평행 지구에서도 존재한다. 신은 우리에게 방법 M을 채택하라고 말한다. 따라서 우리는 평행 지구에서 M을 추천하는 원리를 선택해야 한다."라는 논증을 말한다. 마찬가지로 관찰이, 이를테면 점성술보다 더 신뢰성이 있는 것은 자연법칙 때문이라는 사실에 호소할 수 없다. 간단하게 말해, 이중의 무지의 베일 뒤에서는 특정 원리를 선택하는 이유로서, 아무리 간접적이라도 그 원리의 진리에 호소하는 이유를 거론해서는 절대 안 된다.

지금까지 나는 게임 참가자들이 평행 지구에서 특정 원리를 선택해야 한다고 생각하는 이유를 제시할 때 해서는 안 되는 것을 이야기했다. 그들은 어떤 인식적 이유들에도 호소할 수 없고, 모두 자기 이익을 도모한다고 가정한다면, (평행 지구에서 자신의 사회적 위치가 어떻게 될지 모른다는 사실에 의해) 사회적 편견의 이유라고 부를 수 있는 것에 호소할 수도 없다. 그렇다면 그들은 무엇에 호소할 수 있는가? 이것이 바로 이 사고 실험을 통해 우리가 고려하려고 했던 질문이다.

첫째, 그들은 평행 지구에 대해서 어떤 종류의 사실을 아는가? 그들은 평행 지구의 거주민들이 인간일 것이라는 것을 안다. 그들은 그들이 실천적 이성을 구사할 수 있으리라는 것을 안다. 그들은 현실 세계가 우리에게 보이는 것처럼 거의 비슷하게 평행 지구도 자신들에게 보일 것이라는 사실을 안다. 따라서 그들은 게임 도중에 관찰이 평행 지구에서 신뢰성이 있을지 모르지만 여기서 신뢰성이 있는 만큼 거기서도 신뢰성이 있을 것 같다는 점을 안다. 다른 모든 방법과 근원도 마찬가지다.

게임 참가자들은 결정을 내리기 위해서 이러한 공통적인 사실들에 호소할 수 있을 것이다. 그래서 그들은 흄의 충고를 따르기로 결심할 것 같고, 신뢰성이 있든 없든 우리가 신뢰할 수밖에 없는 원리들을 가장 먼저 채택하라고 추천할 것 같다. 즉, 평행 지구의 거주민이 인간이고 현실 세계가 우리에게 보이는 것처럼 평행 지구가 그들에게 보인다고 가정할 때, 평행 지구의 사람들이 특정 원리를 당연하게 채택해야 한다는 것은 타당해 보인다. 그 원리가 추천하는 방법이 정말 신뢰성이 있든 없든 말이다. 물론 왜 그런지는 참가자들이 모르는 평행 지구에 관한 사실들이 더 밝혀지면 드러날 수 있다. 하지만 그들은 일단 평행 지구에 살게 되면 기억, 관찰, 연역, 귀납을 사용할 것이라고 결론 내릴 정도로는 충분히 알고 있다. 요약하면, 게임의 초반부에 다양한 원리들이 채택되는 이유는 딴 게 아니라, 여기에서든 평행 지구에서든 인간들이 그 원리들이 추천하는 방법과 근원에 의존할 수밖에 없다고 모든 사람이 동의할 것이기 때문이라고 상상할 수 있다. 그런 원리들을 수용하는 것은 우리의 자연적인 본능의 일부다. 그런 이유 때문에 선택되는 원리를 기본 유형이라고 하자.[20]

불행히도 게임이 여기서 끝나지 않으리라는 것 또한 아주 분명하다. 게임 참가자들 사이에서 초자연적 지각, 신의 계시, 합리적 직관 등에 대한 원리들이 기본 유형에 속하냐는 논란이 벌어질 수 있기 때문이다. 따라서 그런 원리들이 평행 지구에서 '반드시' 선택될 것인지는 논란거리가 될 것이다. 더 나아가 기본 유형에서 각 원리들의 범위도 (집단적으로든 개별적으로든) 논란이 될 것이다. 우리가 살펴보았던 인식적 불일치의 실제 세계 사례가 바로 이런 범위의 문제가 될 것이다. 모든 사람들은 길을 건널 때 우리가 의존해야 하는 것이 관찰이라는 데 동의하지만 다른 문제를 다룰 때도 그렇게 가정해야 한다는 것에는 모든 사람이 동의하는 것은 아니다.

이제 방법 게임 참가자들이 유용하게 쓸 수 있는 두 번째 유형의 이유가 나온다. 이것을 실천적 가치의 이유라고 하자. 어떤 이유를 수용하는 이유가, 그렇게 하는 것이 상당히 중요한 정도로 우리의 합리적인 자기 이익에 맞기 때문이라면 그때의 이유가 실천적 가치의 이유다.

어떤 근본적인 수용이 우리 자신의 이익에 맞는지는 말할 것도 없이 논란의 대상이다. 그러나 우리가 방법 게임에 참여하려고 한다면 모든 것을 고려해봤을 때 우리가 위에서 논의했던 방법들을 최대한 추천하는 근본적인 원리를 평행 지구에서 선택하는 것이 자기 이익에 맞는다는 것은 아주 분명하다고 나는 생각한다. 즉, 우리는 반복 가능하고, 적응성이 있고, 상호 주관적이고, 투명한 방법과 활동을 추천하는 원리를 선택해야 한다. 게임의 조건을 다시 생각해보자. 평행 지구에서 우리가 획득할 미래의 사회적 지위에 대해서 모르고, 그래서 (앞서 설명했듯) 사회적으로 선택된 사람들을 선택하는 인식적 원리를 선택하는 것은 우리의 이익이 아닐 것이다. 공개된 원리는 객관적으로 평가될 수 있는, 즉 공통의 관점에서 평가될 수 있는 이유를 생성한다. 한편으로 이것은 그 원리가 상호 주관적인 방법, 곧 집단 내에서 가장 효율적으로 사용되는 방법을 추천한다는 사실로부터 따라 나온다. 또 한편으로 이것은 그 원리가 투명한 활동들, 곧 공유되어 널리 보급될 수 있고 비판의 대상이 될 수 있는 결과들을 (어느 정도) 생산하는 활동들을 선호하기 때문이다. 외관상 보이는 효율성은 원리적으로, 공개적으로 판정될 수 있다.[21] 바꾸어 말해서 왕, 대통령, 성직자만이 이런 방법의 효율성을 판정할 권위가 있는 것은 아니다. 이것은 실제 신뢰성이 없는 방법이지만 거짓인 원리에도 똑같이 적용된다. 위에서 말한 것처럼 어떤 원리가 효율적으로 평가될 수 있는지는 그것이 참인지와 상관없기 때문이다. 실제 세계에서 그 특징상 덜 공개적인 원리를 수용하는 것이 자기 이익에 맞는다 하더라도 게임의 규칙에 따르면 평행 지구에서는 더 공개적인 원리를 수용하는 것이 합리적이다. 내가 평행 지구에서 그렇게 행운아일지 모르기 때문에 그런 방법을 선호하는 것이 나 자신의 이익에 맞는 것이다.

방법 게임의 규칙에서는 내가 '공개적인' 근본적 원리라고 부른 것은 공개적이기 때문에, 즉 그것이 추천하는 방법은 객관적이고 공적인 이유를 생성하는 데 쓰일 수 있기 때문에 그 원리를 선택하는 것이 실천적으로 합리적일 것이다. 과학적 원리가 바로 그런 원리다. 따라서 과학적 원리가 기저에 있는 근본 원리를 선택하는 것이 합리적일 것이다.

물론 다른 고려 사항도 있다. 우리는 평행 지구에서도 계속 계획을 세워야 한다는 것을 알고 있다. 이런 계획들은 그곳에서 결국 갖게 될 자원들을 가지고 무엇을 해야 할지 결정하는 일부터 그런 자원들을 더 많이 획득하기 위해서는 무엇을 해야 하는지까지 그 범위와 중요성에서 다양할 것이다. 계획을 세우기 위해서는 믿음을 형성해야 하고, 믿음을 형성하기 위해서는 믿음 형성의 방법이 필요하다. 우리는 신뢰성 있는 믿음 형성의 방법을 갖고 싶지만 게임을 할 때 신뢰성에 호소할 수 없다. 그렇지만 반복 가능성과 같은 특성에는 호소할 수 있다. 위에서 말했듯이 비슷한 경우에 비슷한 결과가 생기게 하는 정도에 따라 방법은 반복 가능하다. 반복 가능성이 적은 방법보다 큰 방법을 선호하는 것이 우리 이익에 맞는다. 반복 가능성이 큰 방법은, 정보가 충분하면 예측 가능할 것이고, 예측 가능성은 유용한 계획을 세우는 데 필요한 조건이기 때문이다(물론 예측 가능성은 유용성을 위한 충분조건은 아니다. 무엇이 유용한 계획인지는 맥락에 따라서 달라지기 때문이다. 그러나 무엇을 해야 할지 결정을 내릴 때 정보에 의존하고 싶으면 정보를 모으는 예측 가능한 방식이 있어야 한다). 또 모든 사항을 고려해 볼 때, 우리는 참인 믿음을 만들 때 반복 가능하면서 동시에 신뢰성 있는 방법을 분명 원한다. 하지만 이 게임에서는 신뢰 가능성을 꺼낼 수 없으므로 반복 가능성이 가치가 있게 된다. 상황이 똑같은데도 오늘은 P를 믿으라고 말하고, 다음날은 P의 부정을 믿으라고 말하는 방법에 실제로 의존하는 것은 어렵다는 단순한 이유 때문이다.

마찬가지로, 적응 가능한 방법은 별개의 문제에서 사용될 수 있으며 입력의 종류가 다양해도 결과를 내놓을 수 있는 방법을 말한다. 우리가 평행 지극에서 어떤 종류의 문제를 만날지 모르므로 그런 방법을 선호하는 것은 우리의 이익에 맞을 것이다. 당연히 적응 가능한 방법 중 으뜸은 논리다. 어떤 전제들에서 결론을 이끌어낼 때, 신뢰성이 있든 없든 논리적 추론을 사용할 수 있다.

우리가 지금까지 논한 장점들, 즉 공개성을 구성하는 장점들은 실천적인 가치라는 측면에서 원리와 방법을 분류할 때 호소할 수 있는 유일한 장점들은 아니다. 하지만 그 장점들은 아주 중요해서 반드시 추천할 만하다. 그것들은 인식적으로 중립적이지만 자의적이지는 않다. 비교하는 원리와 단순한 원리에 똑같이 적용할 수 있다. 방법들, 그리고 그 방법들의 적용이 이런 특징들을 모두 가지고 있지 않을 것이다. 전혀 못 가지고 있는 것도 있을 것이다. 그리고 어떤 방법은 다른 특징을 갖기보다 특정 장점을 더 많이 가지고 있을 수 있다. 그렇지만 임의의 인식적 원리 x, y에 대해 x가 추천하는 방법이 전체적으로 보아 위에서 갈한 장점을 더 많이 가지고 있으면 x는

y보다 실천적 가치가 더 있다고 말하는 것이 그럴듯해 보인다. 원리의 실천적 가치가 클수록 우리가 그 원리를 수용하는 실천적 합리성은 더 클 것이다.

근본적인 원리의 상대적인 실천적 가치를 다른 요소들과 비교해 균형을 잡아야 할 수도 있다. 어떤 사람은, 예를 들어 평행 지구의 거주자들은 수학의 필연적인 진리를 인식할 때 수학자들이 때때로 합리적 직관이라고 부르는 것을 이용하지 않을 수 없다고 주장할 수 있다. 만약 그러면 합리적 직관을 기본 유형에 포함해야 한다. 그렇지만 합리적 직관이 위에서 나열한 실천적 장점들에서 매우 높은 점수를 받을지는 의심의 여지가 있다. 다른 방법들에 의해 필연적으로 수정이 가능한 것처럼 보이지는 않기 때문이다. 설령 그렇다 하더라도 공공성이라는 장점을 꽤 크게 가질 것 같지도 않다. 합리적 직관은 사적인 일에 해당하는 것 같기 때문이다.

그런 경우를 어떻게 다루어야 하는가? 두 가지 제안이 떠오른다. 첫째, 우리가 보수적이 되어 평행 지구에서 다음과 같은 것을 만족하는 근본적 원리를 모두, 그리고 그것만을 선택한다.

(a) 기본 유형에 있거나 기본 유형에 있는 것들에 가중치를 준다.
(b) 대안이 되는 원리들보다 실천적 가치를 더 많이 가지고 있다.

이런 두 조건을 만족하는 원리의 집합을 **확장된 기본 유형**이라고 하자. 관찰이나 논리와 같은 '자연적 본능'이 여기에 속한다.

그러나 이미 지적했듯 합리적 직관을 추천하는 원리는 결코 여기에 속하지 않을 것이다. 보수적인 관점에서는 합리적 직관에 그만큼 더 나쁜 것이다. 하지만 보수적 관점은 너무 제한적이라고 볼 수 있는데, (문법에 대해서든 와인에 대해서든) 탁월한 심미안을 가진 사람이 보통 사람들은 알지 못하는 방법을 사용하도록 권장하는 것이 길게 보았을 때는 집단에 최고의 이익을 가져다줄 수 있기 때문이다.

그러므로 더 자유주의적인 노선을 취하고 일종의 '인식적 차등 원리'를 채택하는 것이 더 타당해 보인다. 위에서 말한 실천적 가치 기준을 가지고 그 원리를 대략 설명하면 다음과 같다.

> 인식적 차등 : 확장된 기본 유형 밖의 근본적 원리는 그 원리를 선택하지 않는 것이 확장된 기본 유형의 구성원의 전체 실천적 가치를 낮출 때만 선택되어야 한다.

이 절의 취지는 이유에 대한 회의론, 특히 인식적 원리가 공약 불가능하다는 비판을 받을 때 생기는 문제에 대답하는 전략을 제안하는 것이었다. 그 문제는 그 근본에서 보면 근본적인 인식적 수용이 이유에 의해서 옹호될 수 있는지에 대한 도전이다. 여기서 제안된 전략에 따르면 옹호될 수 있다. 우리의 인식적 수용은, 그 수용이 인식적으로, 사회적으로 동등한 가상의 상황에서 사용되는 최선의 이유를 갖는 원리의 수용일 때만 실천적으로 합리적이라고 옹호될 수 있다. 우리의 인식적 원리가 방법 게임에서 이길 때만 우리는 그 원리를 합리적으로 옹호할 수 있다.

이것은 우리가 앞에서 정한 두 가지 조건을 모두 충족

하는 것과 같은 이유이다. 첫째, 그것은 인식적으로 선결 문제 요구의 오류를 저지르지 않는 이유다. 우리는 심각한 인식적 불일치를 해결하기 위해 서로에게 이러한 이유를 적어도 가상적으로는 제시할 수 있다. 비현실적으로 들린다면 우리의 목표를 다시 한번 상기해보라. 우리의 목표는 이유를 판매할 마케팅 캠페인("이유 : 아픈 데 좋습니다.")을 한다고 할 때 자료가 되는 목록들을 작성하는 것이 아니다. 우리가 이유라는 공통의 화폐를 실제로 이미 가지고 있다는 것을 증명하는 것이었다. 그런 공통의 화폐는 공적인 이유를 이루는 원리들의 자연스러움과 실천적인 합리성에 기반을 두고 있다. 그 말이 맞고 위 논증이 그렇다고 알려준다면 이유에 대한 회의론이 틀렸다는 것이 판명될 것이다. 우리는 공통의 관점에서 근본적인 인식적 수용을 옹호할 수 있는 것이다. 그리고 그 말은 다시 우리의 인식적 관점의 변화 또한 합리적인 것이라고 이해할 수 있음을 뜻한다. 우리는 왜 이 인식적 원리를 선호했는지에 대한 이유를 우리 스스로에게, 그리고 다른 사람에게 제시할 수 있는 것이다.

둘째, 이 이유는 우리의 즉각적인 선호들에서 추상화

할 수 있는 것이다. 이런 이유는 우리가 그리스도 교도이든 무신론자이든, 공화당원이든 민주당원이든 성립한다. 위 사고 실험이 보여주는 것을 다른 말로 하면, 어떤 방법이 우리 자신의 세계관과 거기에 수반하는 견고한 선호와 충돌하더라도 다른 방법보다 그 방법을 믿을 이유가 있다는 것이다.

이러한 이유는 다름 아닌 합리적인 자기 이익에 근거하고 있다. (롤스의 용어를 빌린) '인식적 원초적 입장'에서 우리는 어떤 방법을 신뢰하게 될지 모르지만 우리 자신의 관점에서 최선의 방책은 실천적 가치가 가장 높고, 자연스러운 본능의 일부이며, 사용하지 않을 수 없으며, 인식적 차등 원리를 충족하는 그런 원리와 방법을 신뢰(또는 선택)하는 것이다.

이것은 어떤 방법일까? 전체적으로 보아 객관적이고 공적인 이유를 생산하는 데 쓰일 수 있는 방법, 즉 과학적 이유의 원리가 추천하는 방법이다. 이것은 다음과 같이 두 단계 논증으로 간단하게 정리할 수 있다. 공개적인 인식적 원리를 선택하는 것이 실천적으로 합리적이다. 과학의 기저에 있는 근본적인 인식적 원리는 공개적이다. 따라서 과학의 근본적인 인식적 원리를 선택하는 것이 합리적이다.

4. 질문과 대답

우리의 두 단계 논증과 방법 게임에 특히 질문이 많이 쏟아진다. 나는 여기서 모든 질문들에 대해 아주 상세하게 대답할 수는 없다. 그렇지만 내가 할 수 있는 한 완전한 대답을 할 수 있도록 노력하겠다.

질문 : 어떤 원리가 방법 게임에서 이길지 어떻게 아는가?
대답 : 나는 특정한 근본적 원리들의 목록을 제시하지도 않았고 그렇게 할 생각도 없었다. 우리가 호소하는 인식적 원리들은 아주 다양하고 구체적이기 때문에 현실적으로 그런 목록을 만들기 어렵다. 내가 주장한 것은 **근본적**

원리를 수용하는 이유를 식별하는 절차다. 게임에서는 실천적 장점들, 곧 과학적 방법이 우연히 갖는 장점들을, 모든 것을 고려해볼 때 더 큰 정도로 더 많이 공유하는 방법에 관여하는 원리들이 이기게 될 것이다. 이런 방법은 진리에 이르게 하는 신뢰성뿐만 아니라 장점들을 이미 많이 가지고 있다는 것이 내 주장이다. 사람들은 사회적으로, 인식적으로 동등한 가상의 상태에서 특히 그런 장점들 때문에 그 방법을 선택하는 것이다.

다른 근본적인 원리들도 이길 수 있을까? 가능할 것이다. 그렇지만 앞서 논의했던 원리들 중 내 생각에 이길 수 없을 것 같은 것도 있다. 3장의 가상의 젊은 지구 창조론자가 퍼뜨린 원리, 곧 먼 과거에 대해 배울 수 있는 가장 신뢰성 있는 방법은 성경을 참조하는 것이라는 원리를 생각해보자. 이 원리가 참이라고 이미 생각한 사람들은 방법 게임이 진행되는 도중에 평행 지구에서 이 원리를 선택하고 싶을 것이다. 하지만 그들이 (우리가 조건으로 제시한 대로) 게임을 공정하게 하고 싶다면 이 원리가 참이라거나 신이 그렇다고 말했다는 근거에서 그런 선택을 해야 한다고 주장할 수는 없다. 또 그 원리는 관찰의 경우처럼 자연스러운 본능에서 나온 것이라고 주장할 수도 없다. 게임을 하는 사람들은 평행 지구에서 책을 읽을 수 없거나 소유할 수 없을지도 모른다. 그들은 성경을 참조하는 것이 과거와 같은 경쟁 원리만큼 또는 그보다 더 많이 실천적 가치를 가져야 한다고 주장해야 한다. 그런데 그것은 대단히 어려울 것이다. 과거는 관찰, 귀추, 귀납처럼 기본 유형에 포함됨으로써 이미 선택된 방법들에 가중치를 주기 때문이다. 더구나 내가 이미 주장했듯 성경 참조—적어도 과거에 일어난 일에 대한 것일 때—가 다른 원리들에 실천적인 합리성을 주는 공개성이라는 특성을 가지고 있는지도 분명하지 않다. 성경이 단일하고 분명한 대답을 하지 못하는 질문에 대해서 누군가 성경을 올바르게 참조하고 있다고 판단할 수 있는지 알기 어렵다. 성경의 어떤 구절에 더 가중치를 줘야 하는가? 어떤 해석 방법을 사용해야 하는가? 그 방법을 선택하는 사람들 사이에서조차 이런 질문들에 대해서 그렇게 많은 논쟁이 벌어지고 있다는 사실은, 이 방법이 어떻게든 가장 신뢰성 있다고 드러날지는 몰라도, 실천적 가치라는 지표로 측정해볼 때는 특별히 상위를 차지하지 않는다는 것을 말해준다.

질문 : 방법 게임은 비현실적이다. 우리의 정체성을 이루고 있는 원리들과 선호들을 추상화하라고 요구한다.
대답 : 방법 게임은 사고 실험이므로 그 정의상 '비현실적'이다. 사고 실험의 목적은 가능한 상황에서 어떤 특성들을 추상화해서 다른 특성들에 초점을 맞추는 데 있다. 방법 게임도 바로 그런 목적을 구현하고 있다. 현실의 사회적 선호들과 인식적 원리들의 진리 여부를 모두 추상화한 다음에 그 원리들 중에서 어떤 선택을 할지 생각해보라는 것이다.

여기서 방법 게임은 중요한 점에서 롤스의 원초적 입장과 사뭇 다르다는 점을 강조해야겠다. 롤스에 따르면, 원초적 입장에 있는 사람은 '최소한의 자아', 곧 정치적, 종교적 수용이 없는 사람으로 생각해야 한다. 롤스에 대한 가장 중요한 초기의 비판들은 당연히 그런 최소한의 자아는 의사 결정을 가능하게 하는 수용을 죄다 박탈했다는 것이었다. 롤스에 대한 이런 비판이 성공했는지와 무관하게 방법 게임은 그런 문제의 소지를 만드는 가정을 하지 않는다. 나는 의사 결정을 하는 사람들, 곧 게임 참가자들은 바로 당신이나 나나 똑같은 사람이라고 규정했다. 참가자들은 여느 사람들이나 마찬가지로 사회적, 인식적 수용을 모두 가지고 탁자에 앉는다. 그리고 게임 도중 평행 지구에서 선택할 원리에 대해 결정을 내릴 때 그런 수용들을 이용할 권리가 있다. 게임 규칙에 맞게만 그런 일을 하면 된다. 즉, 참가자들은 어떤 원리를 선택할지 결정할 때 자신의 사회적, 도덕적, 인식적 수용을 사용할 수 있다(그리고 틀림없이 그렇게 할 것이다). 하지만 그들은 (a) 평행 지구에서 현실 세계와 똑같은 사회적, 정치적 수용을 가지고 있다거나, (b) 실제 세계에서 의존하는 인식적 원리가 평행 지구에서도 참일 것이라고 가정할 수는 없다. 방법 게임 참가자들은 최소한의 자아가 아니다. 그들의 자아는 당신과 나처럼 견고하다.

질문 : 방법 게임은 우리에게 인식적 원리에 대한 믿음을 형성하라고 요구하는데 당신은 우리가 그 과정에서 인식적 원리를 사용할 것이라고 말했다. 참가자들은 게임이 원리에 대한 이유를 식별하는 절차로서 쓸모없게 된다는

이유로 그런 원리들에 동의할 수 없지 않을까?

대답 : 몇 가지 구분을 염두에 두면 이런 우려를 달랠 수 있다.[22] 한편으로 참가자들에게 부과된 임무가 있다. 평행 지구에서 어떤 원리를 선택할지 결정하는 것이다. 게임 규칙은 그들이 결정을 내릴 때 어떤 이유는 호소할 수 있고 어떤 이유는 호소할 수 없는지 규정한다. 다른 한편으로, 참가자들은 그런 결정을 내릴 때 특정 방법과 근원을 선호하는 원리들을 수용할 것이다. 우리가 게임을 수행하고 있는데, 어떤 경전을 참조하는 것이 평행 지구에서 선택될 방법인지에 대해 논의하고 있다고 상상해보자. 상대방의 이유들을 평가하면서 나는 어떤 방법인가를 사용할 것이다. 나는 그런 방법들이 실제 세계에서 신뢰성이 있다고 생각할 이유가 있을 것이다. 그렇지만 실제 세계에서 어떤 방법의 신뢰성에 대해 이유를 갖는다 해도 똑같은 방법들이 다른 세계에서도 신뢰성이 있을지 판단을 유보해도 아무 문제가 없다. 결과적으로, 상대방이 실제 세계에서 나의 방법과 원리를 (신뢰성이 없다고 생각해) 거부해도 인식적으로 동등한 가상의 상황에서 사용할 방법에 대한 나의 평가에 대해 그 사람이 동의할 수도 있다.

물론 방법 M이 평행 지구에서 실천적 가치를 가질지에 대해 나와 상대방은 여기 지구에서 의견이 일치하지 않을 수 있다. 더구나 그 의견 불일치가 생긴 까닭은 평행 지구에서 M의 실천적 가치에 대한 결정을 내릴 때 상대방이 내가 찬성하지 않은 방법 R를 사용했기 때문일 수 있다. 다시 말해, 인식적으로 동등한 가상의 상황에서 실천적 가치를 가지는 것이 무엇일지 우리가 평가할 때 사용하는 방법에 대해 의견이 불일치할 수 있다. 그런 불일치를 어떻게 해결할 수 있는가? 당연히 방법 게임을 함으로써 해결할 수 있다. 우리는 M과 관련해서 게임을 할 수 있는 것처럼 R와 관련해서도 게임을 할 수 있다. 만약 R가 이긴다면, R는 M 그 자체가 방법 게임에서 이길지 생각하는 데 사용되는 합리적인 방법이라고 인정해야 한다. 이 과정은 복잡할지도 모른다. 합리성에 대한 대부분의 논증이 그렇다. 그러나 무한 후퇴는 없다. 우리가 유한한 믿음 형성 방법을 가진 유한한 존재라는 것을 인정한다면 무한 후퇴는 있을 수 없다. 논란거리가 되는 방법은 언젠가는 모두 없어질 것이다.

질문 : 방법 게임은 모든 사람들이 공유하지 않은 특정 가치들을 전제하고 있기 때문에 모든 사람들이 그 게임을 '수행하려고' 하지 않을 것이다.

대답 : 방법 게임은 물론 어떤 가치들을 가정한다. 예를 들어, 사람들은 기회가 주어지면 실천적 이유에 근거해서 결정을 내릴 것이라고 가정한다. 실천적 이유에 근거해서 결정을 내린다는 것의 의미는 행동에 대한 이유를 제시할 수 있고, 자기 이익에 대해 생각할 수 있고, 선 개념을 형성할 수 있고, 자신의 삶에 대한 비판적 반성에 참여할 수 있다는 뜻이다. 우리가 평행 지구에서 획득할 미래의 사회적 위치에 대해 모른다면, 방법 게임은 우리가 그 효율성이 사회적으로 선택된 자에 의해서만 판단될 수 있는 원리를 선택하지 않을 것이라고 예측한다. 넓은 자기 이익이라고 부르는 것, 다시 말해서 삶의 계획을 짜고 가족의 복지를 도모하는 데 필요한 자기 이익이 있다면 그런 선택은 실용적이지 않기 때문이다.

대부분의 사람들은 자신의 넓은 자기 이익에 맞는 것에 호소하는 이유를 경청하는 경향이 있다. 대부분의 사람들이 생각하는 것처럼 넓은 자기 이익이 자신의 유일한 가치가 아닐 때도 그렇게 한다. 물론 모든 사람이 그런 것은 아니다. 넓은 자기 이익에 호소하는 이유를 특별히 소중하게 생각하지 않는 사람도 있다. 이를테면 공동체 전체보다 자신이 사랑하는 사람이나 자기 자신을 우선시하는 것은 악이라고 생각하는 사람은 방법 게임이 생산할 실천적 이유를 지지하지 않을 수도 있다. 물론, 그렇다고 해서 그런 사람들이 내가 기본 유형이라고 일컬은 것을 구성하는 원리들을 선택하기 위해 우리가 예로 들었던 이유들에도 귀를 닫을 것이라는 뜻은 아니다. 그리고 그들도 공개적 원리에 호소하는 실천적 가치를 인정할 텐데, 넓은 자기 이익에 근거해서는 아니고 그것이 사회 전체에 더 좋기 때문이다. 물론 넓은 자기 이익에 따르는 행동을 절대 또는 거의 절대적으로 하지 않는 사람도 있을 수 있다(그런 사람들은 아마도 단명할 것이다).

만약 그렇다면 그것은 우리가 이미 알고 있는 것이 옳다는 것을 보여준다. 합리적인 마법의 탄환은 없다는 것이 그것이다. 사람들의 가치, 수용, 심리와 상관없이 옳거나 현명한 것에 대해 모든 사람을 설득할 수 있는 한 가지 이유란 없다. 그런 말을 듣기 위해 굳이 철학자가 필요한 것은 아니다. 그렇지만 내가 추천한 종류의 실천적 이성이 모든 사람을 설득하지 못한다는 사실은 어느 누구도 설득하지 못한다는 뜻은 아니다. 방법 게임의 전략은 최대한 폭을 넓히는 것이다. 게임의 구조 자체도 대부분의 사람들이 공유하는 공통의 근거, 곧 참가자들과 그들과 가까운 사람들의 복지와 삶의 계획에서 공통의 이익을 찾고 있다. 이 게임이 특정한 근본적인 인식적 수용이 더 합리적이고, 따라서 심각한 인식적 불일치를 해결할 수 있는 방식을 선결문제를 요구하지 않으면서도 제공할 수 있다고 주장할 수 있는 것은 바로 그래서다.

어떤 인식적 원리들은 넓은 자기 이익이라는, 넓게 공유되는 공통의 관점에서 정당화될 수 있다. 우리가 공통의 관점을 구성하는 가치들을 수용하지 않는다면 우리의 불일치는 인식적인 수준을 넘어서는 것이라고 말하는 것이 정당하다.

질문: 회의론 논증은 우리의 근본적인 인식적 수용을 옹호하라고 추궁한다. 그러나 방법 게임은 그런 수용에 대해 실천적인 이유만을 제시한다. 이것은 떡을 달라는데

돌을 주는 격이라고 생각할 수 있다.

대답 : 방법 게임이 인식적인 원리들에 대해서 본질적으로 인식적인 이유를 제시하지 않는다는 것은 확실히 참이다. 다시 말해, 어떤 특정 원리가 참이라고 믿는 이유를 제시하지 않는다. 사실 이 게임은 그런 의도도 없다. 회의론 논증은 근본적인 인식적 원리를 부인하는 사람들에게 그 원리에 대한 인식적 이유를 제시할 수 없다고 보여준다. 하지만 방법 게임의 전략이 옳다면 나는 그런 원리를 수용하는 이유를 제시할 수 있다. 그리고 이런 이유는 본질적으로 인식적이지는 않지만 중요한 인식적 의미를 띠고 있다.

먼저 수용은 일반적으로 인식적 의미를 띠고 있음을 생각해야 한다. P를 수용한다는 것은 추론에서 P를 전제로 사용할 계획, 또 P를 근거로 해서 활동하고 이론화하는 계획을 채택한다는 것이다. P를 수용한다는 것은 P의 진리를 탐색하는 작업을 더 이상 하지 않겠다는 뜻이기도 하다(물론 새로운 데이터가 제시되면 계속할 수 있다). 따라서 P의 진리를 수용한다는 것은 그 문제를 해결된 것으로 취급한다는 뜻이다. 그러므로 수용이란 우리가 믿고, 수용하고, 행동하는 다른 모든 것에 함축이 있기 때문에 인식적인 의미를 띤다.

지금 이 수용이 인식적인 문제에 대한 것을 수용하고 있다면 지금 말한 점은 더욱 중요하다. 근본적인 인식적 원리에 대한 수용은 특정 믿음 방법의 신뢰성(또는 상대적 신뢰성)에 대한 수용이다. 다시 강조하면, 이것은 단순히 가정만 하는 것이 아니다. 인식적 원리를 수용한다는 것은 그 방법을 사용한다는 것이고 믿음 형성의 방법으로 신뢰한다는 것이다. 그리고 일상생활에서 믿음 형성 방법으로 신뢰한다는 것은 그 방법을 신뢰한다는 것이고, 따라서 그 결과, 곧 그 방법이 생산한 믿음을 신뢰한다는 것이다.[23] 그러므로 인식적 원리를 수용한다는 것은 특정한 믿음 방법을 기꺼이 사용한다는 뜻이다. 따라서 그 방법을 사용하는 내가 합리적이라고 생각한다면 나는 그 방법이 생산하는 믿음을 간직하는 것도 합리적으로 생각한다. 그리고 이것은, 만약 우리가 방법 게임을 통해 근본적인 원리를 수용하는 것이 합리적이라는 것을 보여준다면 그 방법을 신뢰하는 것은 합리적이라는 것 역시 보여주었음을 뜻한다. 그렇다면 만약 믿음 형성의 방법에 신뢰성이 있다면 그것이 생산하는 믿음을 간직하는 것도 합리적이다. 신뢰성 있는 방법이 생산하는 믿음은 분명히 합리적이기 때문이다. 결국 그런 믿음들이 참으로 밝혀지고 합리적인 참인 믿음으로 지식이 구성된다면 우리는 이런 방법들이 믿는 명제들이 알려졌다고 생각할 수 있다. 따라서 방법 게임에 이기는 것은 인식적인 의미를 띤다.[24]

나의 전략은 여기서 이런 인식적 의미만 띠는 것은 아니다. 이기는 인식적 원리를 선택하는 사회는 그렇지 않은 사회보다 확실히 인식적으로 더 우위에 있을 것이다. 나는 방법 게임에서 이기게 될 원리는 개방적이고 객관적이라고 주장했다. 철학자 마이클 퓨어스타인도 지적했지만 개방되고 객관적인 인식적 원리를 수용하는 것은 인식적 신뢰를 위해 꼭 필요하며, 인식적 신뢰는 사회 전체의 지식의 양을 엄청나게 늘려줄 것이다.[25]

모든 것에 전문가가 될 수 있는 사람은 없다. 실제로 한 가지 일에 전문가인 사람도 드물다. 우리는 너무 바쁘고 알아야 할 것도 아주 많기 때문이다. 반면에 인생은 짧다. 그러므로 세상에서 그럭저럭 잘 살기 위해서는, 그러니까 안전한 차도 몰고, 전기가 들어오는 집에 살고, 아픈 데를 치료받으려면 우리는 다른 사람들이 말하는 것을 그들이 정말 알고 있다고 신뢰해야 한다. 즉, 다른 사람들이 자신의 전문 영역에 대해서 말하는 것 중 적어도 일부를 수용할 합리적 근거가 우리에게 있다고 느껴야 한다. 내가 그렇게 하려고 한다면, 그러니까 상대방이 안다고 주장하는 것을 그가 안다는 신념을 내가 가지려고 한다면, 나의 신념은 맹목적일 수 없다. 나는 상대방의 아는 방법이 신뢰성 있다는 느낌을 가져야 한다. 상대방의 방법이 외부 세계에 대해 투명하지 않다면 나머지 사람들은 그가 말하고 있는 것을 그가 정말 아는지 검증할 방법이 없다. 상황을 바꿔 똑같은 말을 상대방에 대해서도 할 수 있다. 결과적으로 인식적 신뢰, 곧 우리 사회의 일상적인 기술적 수단을 사용하면서 일상생활에 참여하게 되는 신뢰는 공개적이고 객관적인 인식적 원리에 의존함으로써 보강된다.

이것을 인식적 신뢰로부터의 논증이라고 하자. 그 내용을 정리하면 다음과 같다. 원리가 더 객관적이고 더 개방적일수록 그 원리가 추천하는 방법을 사용함으로써 획득되는 결과를 더 잘 신뢰하게 될 것이다. 서로의 방법을 더 신뢰할수록 우리 지식은 사회 전체에 걸쳐 증가될 가능성이 더 높을 것이다. 따라서 개방되고 객관적인 원리를 더 많이 사용할수록 우리의 지식이 증가할 가능성이 더 커진다.

어떤 의미에서 이 인식적 신뢰로부터의 논증은 이성의 원리들을 선호하는 독립적인 인식적 이유를 우리에게 제공해준다. 이런 원리들을 수용하는 것은 서로에 대한 인식적 신뢰를 높임으로써 우리의 지식이 증가할 가능성이 높아진다. 물론 근본적인 인식적 원리에 대한 회의론의 맥락에서는, 그런 논증이 그런 원리들에 대해 의문을 던지는 사람에게 선결문제를 요구하지 않고서 인식적 원리들에 대한 인식적 이유를 제시하는 데 쓰일 수 있는지 분명하지 않다. 그러나 방법 게임은 개방적이고 객관적인 인식적 원리를 선택하는, 선결문제를 요구하지 않는 이유를 제공해준다. 따라서 인식적 신뢰로부터의 논증과 방법 게임은 상호 보완적이다.* 인식적 신뢰로부터의 논증은 그런 원리들을 채택하면 사회 전체에 걸쳐 지식의 증가가 발생할 가능성이 높다고 말한다. 그러므로 방법 게임에 이기는 것이 인식적 의미를 띤다고 결론을 내릴 수 있다. 게임에 이기는 원리를 채택하던 그 원리가 공개적이고 객관적인 한 사회 전체에 걸쳐 지식이 증가될 가능성이 크다.

근본적인 인식적 원리들에 대해 본질적으로 인식적인 이유를 갈망하는 사람들이 반드시 있을 것이다. 지금까지 내가 말한 것은 그런 것을 가질 수 없다는 것을 전혀 함축하지 않는다는 것을 강조해야겠다. 내가 이미 지적한 것처럼 회의론 논증은 근본적인 인식적 원리를 믿는 인식적 이유를 갖는 것을 막지 않는다. 회의론 논증이 보여주는 것은 그런 이유를 우리의 원리에 도전하는 사람과 나눌 수 없다는 것이다.

만약 우리의 근본적인 인식적 원리들에 대한 이유를 나누고 싶다면 실천적 이유를 나눌 필요가 있다. 실제로 우리는 그렇게 해야 한다. 상대방과 내가 인식적 원리들에 대해 심각하게 의견 일치가 안 되지만 진정한 토의를

■ 원서에 'complimentary'(칭찬할 만하다)로 되어 있는데, 'complementary'(상호 보완적)의 오타인 것 같다. **역주**

하고 싶다면 서로를 진리에 도달할 능력을 똑같이 갖춘 동료 재판관으로 존중해야 한다. 그리고 서로를 동료 재판관으로 존중할 때, 가능하다면 우리 모두가 이유로 인정할 수 있는 이유를 가지고 주장을 옹호해야 한다. 그리고 서로를 동료 재판관으로 존중하라는 요구를 충족하려고 한다면 우리의 인식적 수용을 정당화할 때도 이유라는 공통의 화폐에 호소해야 한다. 그렇게 해야 이유로 인정될 수 있는 이유를 제시할 수 있기 때문이다.

수용한다는 것은 한 가지 분명한 의미에서 수동적인 믿음보다 훨씬 어렵다. 다른 사람을 수용하든 인식적 원리를 수용하든 수용은 위험을 동반하고 실패와 실망의 가능성이 있다. 그것은 현재 맥락에서 기꺼이 행동할 의도를, 적절한 방법과 믿음 형성의 방법을 기꺼이 이용할 의도를 함축한다. 그러므로 여기서 세운 전략은 이유의 근본적인 원리에 대한 비순환적인 증거를 내놓지는 않지만, 그리고 회의론 논증이 정당하다면 어떤 전략도 그럴 수 없지만, 확실히 더 어려운 일, 즉 그런 원리들을 수용해야 할 이유는 우리에게 제시한다. 게다가 인식적 신뢰에 대한 주장이 말하는 것처럼 이런 이유는 지식에 간접적으로 관련된다. 지식을 목표로 한다는 것은 거짓보다 진리를 더 믿기를 원한다는 뜻이다. 어떤 수용은, 즉 방법 게임에서 이기는 수용은 그런 목적을 달성할 때 가질 수 있는 것 중 가장 합리적이라는 것을 깨닫는 것은 확실히 중요하다.

6장

진리와 거리의 파토스

어떤 종류의 탐구는 정합적인 서사적 설명과 믿음 체계를 만드는 역할을 한다는 주장에 동의한다 해도 거리의 파토스를 피할 수는 없다. 우리는 우리의 믿음을 서사적이지 않은 어떤 것, 외적인 어떤 것, 거리를 두고 떨어져 있는 어떤 것에 단단히 고정하지 않을 수 없는 것이다. 진리는 인문학의 안개 낀 숲 속에서 발견되는 것이라고 말하고 싶다면 진리는 똑같은 방식으로 언제 어디서나 자기를 드러내지 않는다고 말해야 한다.

1. 지식의 그림

C.P. 스노의 유명한 표현을 사용해서 말하면, 학문은 흔히 '두 개의 문화'로 나뉜다. 첫 번째 문화인 과학은 객관적 지식을 획득하고 세계에 대한 진리를 추구한다. 두 번째 문화인 인문학은 무언가 다른 일을 잘한다. 그 다른 일이 무엇인지를 말하기는 어려운데, 상상력을 넓히고, 개념을 분석하고, 차별의 느낌을 바꾸는 일 같은 것을 한다. 이런 일은 모두 장점이 있다. 하지만 그런 장점과 엄숙함의 분위기에도 불구하고 두 문화에 대한 전통적인 그림은 대중의 눈에, 그리고 가끔은 학계 자체의 눈에도 인문학을 이류 시민 같은 어떤 것으로 보이게 한

다. 결국 이 그림은 인문학이 어떤 다른 일을 하든 우리 인문학자들은 진리를 추구하지 않는다고 말해준다. 우리는 지식을 생산하지 않는 것이다.

'두 문화' 견해는 이 책에서 내가 이유를 옹호하며 제시했던 논증이 자기 파괴적인 것처럼 보이게 한다. 내가 이성을 옹호하며 제시한 이유는 인문학에서 온 것이다. 철학적이고, 정치적이며, 도덕적인 이유들이다. 나는 특히 우리 사회에서 과학의 근본적인 인식적 원리들을 선택하는 실천적 즉 도덕적이고 정치적인 이유가 있다고 주장했다. 그러나 두 문화 견해가 보여주는 것처럼 우리의 도덕적, 정치적 논증이 참일 수 없는 것이라면 왜 그것을 진지하게 생각해야 하는가? 두 문화 견해에서 보자면 이 책의 주장은 비실제적이다. 참이 아닌 이유르 이유를 옹호할 수는 없다.

물론 모든 사람들이 이 '두 문화'라는 생각을 받아들이는 것은 아니다. 실제로 이름은 졸렬하지만 지난 세기 말에 활짝 꽃을 피웠던 포스트모던 운동은 바로 그것에 대한 반발로 볼 수 있다. 포스트모던 이론은 우리가 이 책의 다른 곳에서 보았던 '하향 평준화'의 한 가지 형태다.

그런 전략의 기본 생각은 과학적 합리성의 원리들이 다른 원리들과 같은 '수준'에 있다고 간주하는 것이다. 우리가 봤던 형태는 정치적 우파에서 나왔다. 과학적 합리성의 원리들을 수용하는 것이 또 다른 신념에 불과하다면 과학 자체는 인식적으로 말해서 종교보다 나을 것이 없다는 주장이다. 이제 객관적 진리라는 것은 없고, 그래서 인문학은 과학보다 더 못하지 않다는 생각인 것이다.

비록 생전에 포스트모던이라는 딱지를 싫어하기는 했지만 리처드 로티는 이 운동의 가장 영향력 있고 뛰어난 옹호자였다. 그가 보기에, 우리가 지식에 대한 이런 나쁜 그림에 열광하는 주된 이유는 철학자들이 '실재론'이라고 부르는 것에 잘못 따라가기 때문이다. 실재론을 대충 말해보면, 진리는 우리에게 의존하는 것이 아니라 세계에서 사물이 존재하는 방식에 의존한다는 견해다. 로버트 브랜덤이 지적한 것처럼 실재론은 철학자의 세속적인 종교라는 것이 로티의 핵심 생각이다. 종교 그 자체처럼 실재론은 '거리의 파토스'가 체화된 것이라고 볼 수 있는데, 우리의 생각과 주장을 책임지는 것은 우리와 거리를 두고 떨어져 있는, 인간이 아닌 실재라는 의미다. 신에 대한 믿음이 오직 성자만 세계에 대한 중요한 진리를 말해줄 수 있다고 생각을 조장하는 것처럼, 로티는 실재론이 셀라스의 표현대로 "과학은 모든 것들의 척도다."라는 생각을 조장한다고 생각했다. 로티는 다음과 같이 주장한다.

> 최근에 종교적 믿음의 옹호자들이 하던 역할을 실재론의 옹호자들이 하고 있다. (……) 그들은 자연과학은 실재의 고유한 본질과 직접 만나고 다른 문화는 그러지 못하다고 믿는다. 그들이 보기에 이런 대답을 받아들이지 않는 사람들은 우리가 아는 문명을 훼손하고 있다(윌버포스가 T. H. 헉슬리에게 품었던 생각과 같다). 그런 사람들은 겸손함이 부족하고 인간이 아닌 실재에 대한 존경심이 부족하다고 한다. 이런 겸손을 갖는다는 것은 자연과학자의 지식 주장에 특별한 성격, 곧 '객관성'이나 '객관적 진리'를 부여하는 것이다.

지식과 과학에 관한 실재론 그림에 대해서 로티는 '객관적인' 진리란 망상에 불과하다고 일축한다. 로티는 선배인 듀이나 제임스와 마찬가지로, 믿음을 더 좋거나 나쁘다고 평가하는 것은 그것이 실재와 얼마나 잘 일치하느냐가 아니라 우리의 목표를 달성하는 데 얼마나 도움이 되느냐에 달려 있다고 주장한다. 3장에서 본 것처럼 로티는 쿤과 푸코와 마찬가지로, 과학을 "인간이 인간이 아닌 '딱딱한' 실재를 조우하는 장소로서가 아니라 또 하나의 인간 활동"으로 규정하고 있다. 물론 이것은 과학을 모욕하려는 의도는 아니다. 로티는 자연주의자이지 과학을 어려워하는 바보가 아니다. 과학은 인간의 활동이지만 대단히 중요하고 가치 있는 인간의 활동이다. 다른 어떤 방법보다 인간의 많은 목표를 달성하는 데 도움을 줄 수 있는 것이다. 그러나 과학이 달성하도록 도움을 주는 목표는 '진리에 더 가까이 접근하게 하는 것'이나 '실재의 본질' 같은 표현으로 묘사하는 것은 적절하지 않다. 로티는 이렇게 말한다.

> 어떤 문화의 영역도, 어떤 역사의 시대도 실재를 더 잘 획득하지 못했다. 각 영역과 시대를 평가하는 것은 각자의 다양한 목표를 얼마나 잘 달성했느냐는 상대적인 효율성

이다.[2]

로티는 우리가 인간이 아닌 실재 앞에서도 겸손함을 과감히 포기하고 우리 생각이 실재와 상응할 때 참이 된다는 생각마저도 포기한다면 우리는 말할 수 없이 풍요로워질 것이라고 말한다. 거리의 파토스를 포기한다는 것은 동굴 안에서 떨고 있는 인류를 다른 존재—선이 됐든, 신이 됐든, 실재 그 자체가 됐든—만이 구할 수 있다는 생각을 포기하는 것이다. 따라서 실재론자의 진리 개념을 포기한다는 것은 인간을 자유롭게 하는 행동이며, 인류의 진보를 위해 내딛는 역사적인 발걸음이다. 그것은 어떤 믿음이 객관적 진리에 더 접근하는지에 대해서 고민하는 것을 포기하고, 어떤 믿음이 인간을 더 행복하게 만드는 데 유용한지에 대해 고민하기 시작한다는 것을 뜻한다. 그것은 인간이 아닌 환상적인 권위 앞에서 우리 스스로를 더 이상 깎아내리지 않고 우리 스스로 성장하고 완전한 책임감을 느낀다는 것을 뜻한다.

나는 지식과 학문에 대한 진부한 '두 문화' 그림은 거부되어야 하고 '자연주의'를 수용한다고 해서 과학만이 실재를 독점적으로 만난다고 말할 필요는 없다는 로티의 생각에 동의한다. 적어도 이 문제에 관해서 로티와 나는 (그리고 내가 심취한 철학자들 몇몇을 들면 라이트, 프라이스, 퍼트넘은) 같은 편이고 많은 분석철학자들은 다른 편이다. 게다가 나는 실재론에 대한 논쟁은 종종 종교적인 열정으로 수행된다는 로티의 주장에 동의한다. 그리고 또 열정이 논증을 대치할 때는, 나아가서 주제가 형이상학이기까지 할 때는, 기본적인 가정들에 대해 재고해야 할 적절한 시점이라는 생각에도 동의한다.

그렇지만 나는 로티가 대안으로 제시하는 그림에는 찬성할 수 없다. 그 대안은 지적으로 볼 때 마을을 구하기 위해서 마을을 파괴하는 것과 결국 똑같기 때문이다. 그것은 객관적 진리를 말해줄 수 없다는 비판으로부터 인문학을 옹호하기 위해서 객관적 진리라는 것은 애초부터 없다고 주장한다는 것과 같다.

나는 지금부터 이런 전략은 형이상학적으로나 정치적으로 잘못임을 말하고 싶다. 진리에 대한 우리의 가정을 재고해야 한다는 로티의 주장은 옳다. 그러나 우리가 재고해야 할 가정은 진리가 '객관적'이라는 것이 아니고,

탐구는 진리를 목표로 해야 한다는 것도 아니고, 로티가 반대자인 실재론자와 공유하는 가정이다. 그것은 바로 진리가 단일한 '본성'(이 본성은 '실재와의 대응'을 말한다)을 가지고 있다거나, 또는 본성이 아예 없다는 가정이다. 이런 가정을 부정한다는 것은 곧 인문학과 과학이 다른 방식으로 진리에 이른다는 생각뿐만 아니라 그 학문들이 이르게 되는 진리는 다른 종류라는 생각을 받아들이는 것이다.

나는 이 장에서 세 가지 연결된 주장을 말하려고 한다. 첫째, 어떤 합리적 탐구—과학이든 인문학이든 어떤 것이든—도 진리를 목표로 하지 않는다는 생각에 반대하는 논증이다. 둘째, 적어도 일부 인문학이 목표로 삼는 진리와 관련된다. 셋째, 로티에게는 실례지만 이런 종류의 진리는 우리가 창조한 것이 아닌 자연 세계와 여전히 연결되어 있고 실제로 그래야 하는 이유와 관련되어 있다.

2. 진리를 찾아서

___

로티에 따르면, 서로에게 이유를 제시하는 사회적 활동은 진리의 '초월적인' 목표를 필요로 하지도 요구하지도 않는다. 로티는 사회적 활동을 초월하는 유일한 것은 또 다른 사회적 활동이라고 생각한다. 진리가 사회적 활동의 목표라고 말하는 것은 아무 도움도 되지 않는다.

> 나는 더 큰 정직, 더 큰 자비, 더 큰 인내심, 더 큰 포용성 등을 어떻게 목표로 삼는지 알고 있다. 나는 민주적인 정치가 그렇게 구체적으로 묘사할 수 있는 목표를 달성하는 데 도움이 된다는 것을 알고 있다. (……) 우리가 세운 목

> 표의 목록에 '진리'를 포함한다고 해서 도움이 된다고 생각하지는 않는다. 그게 포함된다고 해서 뭐가 달라지는지 알 수 없기 때문이다.[3]

결국 진리의 문제는 민주적인 정치와 무관하다. 그가 분명히 밝힌 다음과 같은 점 때문이다.

> 내 논증의 토대가 되는 전제는, 어떤 목표에 도달했는데도 그 사실을 알 수 없다면 그것을 목표로 삼을 수 없고 그것을 얻기 위해 일할 수 없다는 것이다. (······) 우리는 어떤 믿음이 참인지를 확실하게 알 수 없다. 하지만 거기에 반대할 수 있는 사람은 현재 아무도 없다는 것, 그것이 주장되어야 한다는 것을 모든 사람이 동의한다는 것은 확실하게 알 수 있다.[4]

이 논증의 요지는 이런 것이다. 진리는 정당화 과정—말하자면 탐구—의 표적이 될 수 없다. 우리 믿음이 참인지를 결코 알 수 없기 때문이다. 그리고 우리가 맞혔는지 알 수 없는 표적은 전혀 표적이 아니다. 그러나 우리는 어떤 믿음에 '모든 사람이 동의'하는지는 알 수 있다. 그러므로 탐구의 적절한 목표는 진리가 아니라 의견 일치 또는 합의여야 한다.

이 논증에는 궁금한 점이 여러 가지 있다. 첫째, 왜 내가 내 믿음이 참인지를 아는 것이 가능하지 않다는 말인가? 지식에 대한 회의론 논증이 그 이유가 될 수 있다. 그 논증은 만약 우리가 틀릴 가능성을 배제할 수 없다면 우리는 우리가 안다고 생각하는 것을 알지 못한다고 말하기 때문이다. 그렇지만 로티의 논증이 그런 회의론에 근거해 있다면 (나는 그렇게 생각하지 않는다) 어떤 믿음이 '주장되어야 한다'고 '모든 사람들이 동의한다'는 것을 확실히 알 수 있다고 생각해야만 하는 이유도 역시 궁금해진다. 이것에 대해서는 왜 의심을 안 하는가? 내가 참이라고 확신하는 대부분의 믿음을 모든 사람들이 동의할지 나는 확신할 수 없다. 결국 '모든 사람'—'우리 문화의 모든 사람'이거나 심지어 '우리 문화에서 나와 비슷하게 생기거나 말하는 모든 사람'을 말하더라도—에는 꽤 많은 사람이 포함된다. 아무리 평범한 믿음이라 하더라도 내 의견에 '모든 사람이 동의한다'고 알아내는 것은 쉬운 일이 아니다.

  이 논증에 대해 할 수 있는 두 번째 주장은 정당화(이유 제시)가 진리와 어떻게 관련되는지에 대해서 잘못된 그림을 가정하고 있다는 것이다. 우리는 일반적으로 활동을 지배하는 궁극적인 목적이나 가치와, 이런 목적 달성에 수단이 되기 때문에 정당화되는 더 즉각적인 목적을 구분한다. 전자는 말하자면, 아무리 희미하더라도 실행되는 방법들이 그곳을 통해 배를 저어 가는 등대다. 반면에 후자는 방법을 실행하는 사람들이 그 길을 따라서 이동할 때 참조하는 근거리의 기준점이다. 참된 믿음이 탐구의 목표라고 할 때 그것은 전자의 의미에서의 탐구 목표다. 로티와 동의할 수 있는 한 가지는, 개별 탐구자들은 일상생활에서 진리와 같은 가상의 것을 의식적인 목표로 삼는 일은 거의 없다는 것이다. 설령 그렇다 하더라도 그 목표를 직접 달성할 수는 없다. 스스로에게 억지로 믿으라고 시킬 수는 없는 노릇이다. 우리는 오히려 믿음에 대한 이유를 제공해주는 증거를 추구함으로써 간접적으로 진리를 추구한다. 그러나 간접적이든 아니든 탐구라는 작업에 목적을 부여하는 것은 진리이며, 사람들을 내 주장으로 모이게 해서 내 의견을 떠벌리는 단순한 추구와 탐구를 구분해주는 것도 진리다. 믿음에 대한 이유가 이유인 까닭은 그것이 진리라는 최종 목표를 얻기 위한 수단이기 때문이다. 따라서 정당화(이유 제시)가 진리와 구분되는 까닭은 수단이 그 목적과 구분되는 까닭과 정확히 똑같다.

로티도 때로는 이런 주장에 의미가 있다고 인정하는 것 같다. 하지만 그는 결국 "진리"라는 단어는 그가 "주의 환기용"이라고 부른 쓰임새밖에 없다고 생각한다. 그에 따르면, '진리'라는 말을 쓰는 이유는 한 청중에게 정당화된 것이 다른 청중에게는 정당화되지 않을 수 있다는 것을 상기시키고, '어떤 사람도 생각하지 못한 반론이 (……) 있을 수 있다는 것을 상기시키기 위해서'라는 것이다.[5] 이런 사실을 상기시키는 것은 확실히 좋은 일이다. 그러나 내가 좋다고 생각하는 까닭은 그런 반론 중 일부가 옳은 것으로 드러날 수도 있고 내 견해가 틀린 것으로 드러날 수 있기 때문이다. 내가 틀릴 수 있다고 인정하는 것은, 내가 사실이라고 믿는 것, 그리고 내가 서로에게 사실이라고 정당화할 수 있는 것이 반드시 사실

일 수는 없다는 것을 인정하는 것이다. 이것이 진리와 정당화에 관한 사실이다

로티는 회의론자가 아니었다. 내가 보기에 그는 내심 회의론과 다른 논증을 생각한 것 같다. 진리라는 표적을 맞히는 것은 불가능하다. 그 까닭은 회의론적인 간섭 때문이 아니라 표적 그 자체에 근본적으로 결함이 있기 때문이라는 생각이 그것이다. 진리가 이성과 정당화의 목표라고 우리가 생각할 때 진리의 의미는 모호한 형이상학적 의미라는 것이 로티의 주장이다. 이런 주장은 그가 다른 곳에서 분명히 밝힌 마음에 대한 거울 견해, 곧 우리의 생각이 만약 옳다면 자연의 거울이라는 견해를 받아들이는 것이다. 로티는 내가 이 책에서 옹호한 이성과 정당화 개념은 문제점이 많은 진리 상응론을 가정하고 있다고 생각한다. 그리고 로티는 우리의 믿음이 세계와 상응할 수 있는지 알 수 없다는 것뿐만 아니라 그 사실로부터 진리 상응이라는 개념 전체가 도움이 되지 않는다는 것을 알 수 있다는 것도 주장한다.

이것은 훨씬 훌륭하고, 더 재미있고, 더 타당한 논증이다. 이것은 중요한 주장을 하고 있다. 그렇지만 과장하는

면이 있다. 문제는 진리 상응이라는 생각에 있는 것이 아니라 이것이 유일한 진리 개념이라는 생각에 있다.

3. 세계를 그대로 그리기

믿음이 참이 되는 것은 세계가 그 믿음이 그리는 대로일 때, 믿음이 사실과 상응할 때다. 이것은 뻔한 말이다. 그리고 모든 뻔한 말들이 그런 것처럼 거기까지만 맞는 말이다. 사이먼 블랙번은 "'있는 것을 있다고 말한다' 대신에 '사실에 상응한다'고 말한다고 해서 이론의 온도를 아주 높이 올린 것은 아니다."라고 갈했다.[6] 문제는 우리가 이 주제에 대해서 무엇인가를 말할 때 진리는 철학적, 인문학적인 판단은 전혀 획득할 수 없는 어떤 것이라고 말하는 위험을 감수해야 한다는 것이다. 그 이유는 현대에 가장 유망한 상응론이 현재 인지과학을 지배하는

표상적 마음 이론에서 나왔기 때문이다.

표상적 마음 이론에서 나온 진리관은, 진리는 정확한 표상이라는 것이다. 따라서 믿음—여기서는 뇌의 특정 네트워크에 수반하는 정신 상태로 이해된다—은 믿음이 세상을 표상하는 대로 세상이 되어 있을 때 참이다. 대충 말해보면, 도로 지도가 실제 도로 시스템을 표시하는 것과 똑같은 방식으로 믿음은 상태를 표상한다.[7] 지도가 정확하기 위해서는 지도와 지도가 그리는 것이 공통 구조를 공유해야 한다. 실제 풍경의 각 부분들이 보여주는 관계와 똑같은 관계를 지도의 각 부분들이 보여주어야 하는 것이다. 지도와 풍경은 동형적인데, 우연히 그런 것은 아니다. 지도가 그리는 풍경이 지도가 갖는 구조와 같은 구조를 갖지 않는다면 정확한 지도가 될 수 없다. 마찬가지로 믿음은 믿음이 어떤 상태를 그리고 있을 때, 즉 그것과 인과적으로 동형적일 때 참이라고 말할 수 있다.[8]

이 이론은 유망하든 유망하지 않든 우리가 과학에서 도달한 결론에 적용해볼 때 가장 타당하다. 지도 비유가 그 이유를 보여준다. 우리는 아무리 간접적인 방식으로라도 존재하지 않는 것을 지도로 그릴 수 없으며, 인과적 관련을 맺지 않는 것도 지도로 그릴 수 없다. '상응하기 위해서는 반응해야 한다.'고 쓰인 자동차 범퍼 스티커가 있다.■ 우리가 X에 대해서 어떤 생각은 하고 있지만 X와 접촉하지 않거나 X가 단지 없기 때문에 X쪽에서 응답이 없다면, 표상주의적 설명은 배제될 것이다. 예를 들어 다음 주장들을 생각해보자.

무고한 자를 살인하는 것은 그르다.
죄수 고문은 인권 침해다.
과학의 근본적인 인식적 원리를 선택해야 한다

이 중에서 죄수 고문은 인권 침해라는 명제를 보자. 진리는 언제 어디서나 인과적인 지도 작성이라는 가정에서는, 이런 생각이 어떻게 참일 수 있는지 혼란스러운 문제가 된다. 죄수 고문이 인권 침해라는 생각은 확실히 타당

■ 원문은 "If we are to correspond, we must respond."인데, 의역하면 "소식을 주고받기 위해서는 먼저 대답을 해야 한다."는 뜻이다. 여기서는 무엇인가를 표상하기 위해서는(상응하기 위해서는) 그것과 인과적 관련을 맺어야 한다(반응해야 한다)는 뜻을 보여주기 위해 인용한 것이다. 역주

하다. 그러나 이것이 참인 까닭이, 우주를 어수선하게 하는 물체들을 밀어내면서 물리적 세계에 자리 잡은 법률 외적인 (제도 외적인 것은 아니라도) 존재가 있기 때문이라고 생각하는가? 어떻게 그런 것들이 우리와 인과적으로 상호작용을 할 수 있는가? 모든 진리를 자연 대상에 대한 정확한 표상이라고 이해하려 한다면, 어떻게 그런 주장들이 참이거나 거짓의 대상일 수 있는지 분명하지 않다. 옳고 그름은 우리 뇌가 지도를 그리는 독립적인 행동의 속성이라고 보기 어렵기 때문이다.

분석철학의 오랜 전통은, 진리는 언제 어디서나 정확한 표상이며 도덕적, 정치적 주장은 그럴 수 없으므로 그런 주장들은 참의 대상이 될 수 없다고 결론을 내려야 한다고 말한다. 그것들은 다른 어떤 것—자기 표현이나 정치적 선전 따위—을 위해서는 좋을 수 있지만 "고문은 그르다."와 같은 주장은 진정으로 참인 것은 아니다. 실제로 이와 같은 견해는 우리 문화에서 꽤 흔하고, 철학자들만의 견해는 아니다. 로티와 나는 둘 다 이런 견해가 어느 정도 실망스럽고 잘못된 것이라고 생각한다. 그러나 이런 반응 역시 자기 파괴의 위협에 빠진다는 것에 주목해야 한다. 어떤 상응 형식의 진리에 적합하지 않은 명제가 있다는 주장은 그 자체가 철학적인 주장인데, 철학적인 주장은 외적인 실재를 그 자체로 있는 것처럼 지도를 그릴 만한 이상적인 후보가 되지 못한다. 인문학에서 어떤 주장의 진리 적합성에 대해 회의적이라면 먼 먼저 철학적 주장을 대상으로 회의해보아야 한다. 하지만 그 주장 자체도 철학적 주장이고, 이 주장을 그럴듯하게 만들려고 애쓰는 사람은 그 주장이 참이라고 생각한다.

다른 무엇보다도 이런 이유 때문에 우리는 많은 철학적 믿음들이 적어도 참이 될 수 있는 가능성이 있음을 이미 받아들이고 있다고 생각한다.[9] 어떤 사람들은 어깨를 으쓱하고, 이것이 바로 모든 믿음은 철저하게 희박하고 축소적인 의미에서 참일 수 있다는 뜻이라고 결론을 내릴 것이다. 그런 설득에서 믿음의 명제적 내용이 참이라고 말하는 것은, 그 명제에 흥미 있는 어떤 속성을 부여하는 것이 아니라 적어도 대부분의 경우에는 다른 수단에 의해서 그 명제를 주장하는 것일 뿐이다.[10] 따라서 로티는, 진리는 "철학적으로 흥미 있는 이론을 기대할 수 있는 것이 아니다."라고 말한 적이 있다.[11]

축소주의자의 전략은 장점이 있기는 하지만 나는 그것이 특별히 설득력이 있다고 생각하지 않는다. 그것을 거부하는 몇 가지 이유는 다른 곳에서 말한 적이 있는데, 축소주의자의 주장의 세부적인 면에 한정된 것이므로 여기서 밝힐 필요는 없다.[12] 다만, 축소주의를 받아들이지 않는 나의 기본적인 이유는 딴 게 아니라 핵심적인 면에서 볼 때 그 주장이 부정적인 프로그램이기 때문이다. 이 이론은 전통적인 진리 견해—진리 상응론 같은 견해—가 위에서 제기한 것과 같은 반례에 부딪힌다는 가정에 의존하고 있다. 그러나 단지 이런 문제들 때문에 항복하는 것은 내가 앞서 지적했던 똑같은 딜레마에 스스로 빠지는 꼴이다. 즉, 오직 하나의 속성만이 명제를 참으로 만들거나, 아니면 아무것도 참으로 만들지 못한다는 딜레마 말이다.

나는 이 가정을 인정할 좋은 이유를 알지 못한다. 그 가정은 더 흥미 있는 대안을 무시할 뿐이다. 단순히 사실에 상응한다는 것 외에 우리 믿음을 참으로 만드는 것은 여러 가지 속성이 있다는 것이 그 대안이다. 내가 다른 곳에서 주장한 것처럼 진리가 무엇인지를 이해하기 위해서는 진리가 무엇을 하는지를 이해해야 한다. 진리는 기능적인 개념이고, 진리는 특정 역할을 하기 때문에 진리가 되는 것이다. 따라서 철학적, 이론적 주장에 적합한 진리의 유형을 알고 싶다면 다음과 같이 물어야 한다. 그런 판단을 하기 위해 어떤 속성이 진리의 역할을 하는가?[13] 우리가 진리에 대해 말하는 것은 사실 특정 일이나 기능적 역할을 말하는 것이라는 사실을 안다면, 판단이 참이 되는 방식은 오로지 한 가지만 있다고 가정하는 것은 잘못임을 알 수 있을 것이다. 진리 역할을 하는 것은 한 가지 이상이 있다는 가능성이 열리게 된다. 다른 말로 하면, 진리 다원론이 의미 있게 되는 가능성이 열리게 된다.

4. 진리와 인간적인 것

 셀라스가 가장 넓은 의미에서의 사물들이 역시 가장 넓은 의미에서 서로 어우러져 있는 방식을 알아내려는 시도라고 철학을 정의한 것은 유명하다. 다른 영역에서는 우리가 철학에서 그러는 것처럼 언제나 그물을 가능한 한 넓게 던지지는 않지만 셀라스의 핵심 생각—탐구를 통해 사물들이 어떻게 '서로 어우러져 있는지' 이해하고 싶다는 생각—은 철학에서뿐만 아니라 정치학과 경제학을 포함한 여러 인문학에서 우리가 얻으려고 애쓰는 것을 아주 정확히 파악하고 있다. 우리 목표가 세계 밖에 있는 대상을 표상한다는 것이 아닌 때가 적어도 있다. 우리가 가지고 있는 정보를 짜서 이론적 압력을 견뎌내는 정합적인 전체를 만드는 것이 우리의 목표일 때가 그렇다.

그러나 정합성이 진리의 표시라고 생각하는 것은 한 가지 의견이다. 정합성이 진리가 될 때도 있는가? 그 대답은 분명히 '아니오'다. 우리가 이미 지적한 것처럼 진리는 정당화나 보증이 아니기 때문이다. 참이라는 것은 믿음의 더욱 객관적인 속성이다. 현재 맥락에서 이것은 첫째, 믿음의 진리는 단지 믿음이라는 점 때문에 생기는 것이 아니다. 믿는다고 해서 참이 되는 것은 아니다. 마찬가지로 그 명제에 대해 이런저런 증거를 갖는다고 해서 진리가 되는 것도 아니다. 따라서 속성 X가 진리 역할을 하려고 한다면 특정 믿음이 어떤 시기에 보증되지 않고서도 X인 것은 틀림없이 가능하고, 특정 믿음이 X가 아니면서 보증이 되는 것도 틀림없이 가능하다. 이런 뻔한 사실을 감안할 때 인권에 대한 믿음이 참이 되는 것이나 인식적 수용을 우리가 반드시 가져야 하는 수용이 되게 하는 것은 그것이 단지 정합적이라는 사실 때문은 아니다. 오늘 정합적인 것은 내일 안 그럴 수 있고, 어떤 설명이 바로 지금 앞뒤가 맞는다고 해서 그 설명이 참인 것은 아니다. 미친 생각들도 앞뒤가 딱딱 맞을 수 있다.

그러나 퍼스, 퍼트넘, 크립슨 라이트가 이끄는 대로 따라가다 보면 그런 판단들은 아주 강한 의미에서 정합적일 때 참이라고 말할 수 있다. 아주 강한 의미라는 것은 로티가 이미 내세운 바이며, 새로운 정보와 지속적인 논쟁에 노출되어도 정합성을 줄곧 유지한다는 뜻이다. 그런 지속적인 정합성은 모든 참인 명제를 참으로 만드는 후보로서 적절한 것은 아니지만 어떤 명제를 참으로 만들어주는 후보로서 적절할 수는 있다. 어떤 믿음이 다음과 같은 조건을 만족하면, 그리고 오직 그럴 때만 초정합적이라고 말해보자. 즉, 그 믿음이 어떤 탐구 단계에서 정합적인 믿음들의 체계에 속해 있고 탐구의 모든 후속 단계에서도 줄곧 정합적일 때 그렇다.[14] 여기서 중요한 점은 어떤 믿음이 결국 참인 것으로 밝혀지는 것은, 그것이 세계를 있는 그대로 표상하기 때문이 아니라 그것을 포기할 이유를 만나지 못했기 때문이라는 것이다. 그 믿음은 경험이 어떻게 꼬이고 뒤집혀도 증거와 여타 믿음들과 언제나 부합한다.[15] 초정합은 영속적이고 절대 지지 않는 정합성이다.

초정합성은 그냥 정합성보다 획득하기가 훨씬 어렵다. 따라서 진리 역할을 수행한다고 주장하기에 훨씬 더 적합하다. 그것은 진리의 특징이라고 할 수 있는 것을 모두 가지고 있다. 첫째, 초정합은 단순한 보증과 구별된다. 어떤 판단은 어떤 탐구 단계에서 증거에 의해 보증될 수는 있지만 초정합적이지는 않거나, 초정합적이지만 바로 지금 보증되지는 않을 수 있다. 둘째, 그렇지 않을 가능성이 굉장히 크다. 내가 아는 모든 사람이 어떤 명제를 정당화가 가능하게 믿는다고 해서 그 명제가 초정합적이 되는 것은 아니다. 셋째, 정의된 것처럼 초정합성은 영속적인 개념이다. 어떤 명제가 초정합적이라면 어떤 탐구 단계에서도 초정합적이다. 넷째, 초정합성은 진리가 믿음에 대해서 가지고 있는 규범적인 의미를 가지고 있다. 초정합적인 것을 믿는 것이 가치가 없을 수 없다.

따라서 초정합성은 어떤 종류의 믿음에 대해 진리 역할을 수행한다고 유력하게 주장할 수 있을 것 같다. 하지만 그게 다가 아니다. 이러한 주장을 분명하게 하려는 나의 이전 노력에 대해 로티는 논평하면서 그 이유를 말했다.

[린치에 따르면], 특정 믿음을 참으로 만드는 대상을 세상에서 찾을 수 없다면 이상적인 주장 가능성 형태로서의 정합성이 진리를 만드는 일도 역시 할 것이다. 따라서 세계에 대한 관계를 찾을 수 없어 철학자들의 속을 썩이는 믿음(인권에 대한 믿음 같은 것)에 대해 진리를 만드는 것이 무엇인지를 찾기 위해서 존재론적으로 부담스러운 것을 거론할 필요가 없다. (……) 그러나 도덕에서 (그리고 아마도 수학이나 다른 여러 영역들에서) 정합성이 진리를 만드는 일을 할 수 있다면 왜 다른 곳에서는 못 하겠는가? 이상적인 정합성이 우리가 도덕에서 필요로 하는 객관성의 전부라면 왜 입자 물리학에서는 그것만으로 충분하지 않은가?[16]

우리의 표현으로 고치면 로티는 다음과 같은 질문을 하고 있다. 만약 초정합성이 인문학에서 우리가 하는 주장에 대해 진리의 역할을 할 수 있다면 왜 다른 곳에서는 못 하겠는가? 내 대답은 이렇다. 초정합성이 진리의 역할을 못 하는 곳이 없다면 어떤 곳에서도 할 수 없다. 그 이유는 간단하다. 어떤 믿음 체계를 정합적이거나 비정합적으로 만드는 사실이 없다면, 그리고 초정합성이 아닌 사실이 없다면 그 체계를 단단하게 고정할 수 없기 때문이다. 그런 체계는 실재와 상관없이 제멋대로 다닌다. 예컨대, 'S가 초정합적이다'가 S와 초정합적이기 때문에 체계 S가 초정합적이 되는 것은 아니다. 그것은 체계가 초정합적인 이유는 딴 게 아니라 자기가 초정합적이라고 말하기 때문이라고 말하는 것과 같기 때문이다. 따라서 어떤 진리가 초정합성 이외의 어떤 것 때문에 참이 되지 않는다면 초정합성은 진리의 역할을 수행한다고 주장할 수 있는 유력한 후보가 못 된다.[17]

그 결과, 초정합성은 도덕적, 정치적 믿음을 참으로 만드는 (그 믿음이 참이 될 정도로 운이 있다고 한다면) 후보로서 적절하지 않다. 초정합성으로 설명되는 믿음의 진리가 있다 하더라도 모든 믿음의 진리가 그럴 수는 없다.[18] 우리 이야기가 정합적이라고 우리 이야기가 말한다고 해서 정합적이 되는 것은 아니다.

따라서 어떤 종류의 탐구는 정합적인 서사적 설명과 믿음 체계를 만드는 역할을 한다는 로티의 주장에 동의한다 해도 거리의 파토스를 피할 수는 없다. 우리는 우리의 믿음을 서사적*이지 않은 어떤 것, 외적인 어떤 것, 거리를 두고 떨어져 있는 어떤 것에 단단히 고정하지 않을 수 없는 것이다. 진리는 인문학의 안개 낀 숲 속에서 발견되는 것이라고 말하고 싶다면 진리는 똑같은 방식으로 언제 어디서나 자기를 드러내지 않는다고 말해야 한다.

우리의 믿음 체계를 고정하는 기능을 할 수 있는 것은 무엇일까? 두 가지 점이 관련 있어 보인다. 첫째, 이미 말한 것처럼 우리의 믿음 체계를 초정합적으로 만드는 한 가지는 보증되거나 보증되지 않는 것에 대한, 정합적이거나 비정합적인 것에 대한 객관적 사실이다.[19] 둘째, 지속적으로 정합적인 체계에 속하게 되어 어떤 믿음이 참이 된다면 그 체계는 내적으로 초정합적일 뿐만 아니라 정합성과 독립적인 외적인 사실과도, 다른 말로 하면 인간 외적인 실재와 상응함으로써 참이 된 어떤 믿음과도 영속적으로 양립이 가능하다. 따라서 인문학의 서사는 비판에 맞서 아무리 내적으로 정합적이고 지속적이라 해

---

* 여기서 '서사narrative'는 이야기를 뜻하는데, 실재와 상관없이 이야기로만 구성된 설명을 가리키기 위해 여러 번 쓰이고 있다. 역주

도, 피부색이 지능에 영향을 끼친다거나 에이즈는 땀으로 전염된다는 것을 설득할 수는 없다. 그런 종류의 믿음은 정합성이 있거나 없어서가 아니라 자연 세계에 있는 대상들과 속성들을 표상하거나 표상하지 못하기 때문에 참 또는 거짓이 되는 것이다.

이 두 가지 조건—내적인 초정합성, 그리고 외적 사실과의 양립 가능성—을 모두 만족하는 믿음 체계를 합치한다concordant고 일컬어보자. 내 주장을 간단하게 말해보면, 도덕적, 철학적 탐구를 포함한 어떤 종류의 탐구들은 합치하는 설명을 구성하는 데 목표를 두고 있다는 것이다. 합치하는 설명은 믿음과 수용의 체계인데, 그중 어떤 것은 사실과 상응함으로써 참이 되고 또 다른 어떤 것—철학적, 윤리적 믿음 같은 것—은 단지 설명의 일부가 됨으로써 참이 된다.

나는 이런 주장을 하면서 과도하게 단순하게 말한 부분이 있다. 철학자들을 포함해 지식인들은 합치하는 설명을 구성하는 데만 관심이 있는 것은 아니다. 우리는 자기표현, 변화, 아름다움, 행복에도 관심이 있고, 가끔은 그런 것들에만 관심이 있기도 하고, 진리에 여전히 관심을 보이기도 한다. 그리고 우리 믿음은 때때로 규범적이지 않다. 즉, 좋거나 나쁨, 합리적이거나 비합리적인 것에 대한 것이 아니다. 그러나 우리 믿음이 규범적일 때는 말이 되는 것, 서로 어우러지는 것을 말함으로써 참인 것을 말하고 싶어 한다.

합치는 충분히 객관적이지 못하다고 우려하는 사람들도 있을 것이다. 결국 그들은 똑같이 합치하지만 정합적이지는 않은 믿음의 체계가 두 개 있을 가능성을 어떻게 배제하는지를 묻는 것이다. 다시 말해, 모든 미래의 비판에 맞서 똑같이 잘 성립하고, 지금도 영원히 미래에도 모든 관련된 경험적 사실과 똑같이 잘 일치하는 '인권의 역사'에 대한 서사가 하나 이상 있을 수 없는가? 그리고 이 서사들이 비일관적이기까지 할 수는 없는가? 확실히 그럴 수 있다. 그러나 그래서 어떻다는 것인가? 그런 문제들에 관해 참인 이야기가 하나 이상일 수 있다는 것은 (일부 철학자들을 제외하고는) 뉴스거리도 아니다. 중요한 것은 합치에 관한 조건을 감안할 때 모든 이야기가 똑같이 참은 아니라는 것이다. 많은 이야기가 최종 라인을 결코 통과하지 못한다.

거꾸로, 합치는 너무 객관적이라고 우려하는 사람들도 있을 것이다. 약간만 들여다보면 정치적 도덕성이나 성 평등의 근거나 인종 평등의 본성에 대해 우리가 믿는 것의 대부분은 합치의 높은 수준을 만족하지 못한다는 것을 금방 알 수 있다. 이 점에 대해 나는 그것은 어려운 일이 분명하다고 대답할 것이다. 나는 쉬운 지식으로 가득 찬 장미 정원을 약속한 적이 결코 없다. 지식은 진리를 필요로 하고, 진리는 얻기 어려운 것이다.

진리에 대한 일상적인 논쟁을 하다 보면 잘못된 딜레마와 마주치게 된다. 모든 진리는 상응이거나 아니면 진리는 전혀 없다는 것이 그 딜레마다. 나는 제3의 길이 있다고 주장했다. 우리가 진리에 대해서 다원주의자가 될 마음이 있다면, 그리그 그때에만 우리는 우리 믿음 중 일부가 합치 때문에 참이라는 것을 이해할 수 있다. 그리고 만약 그렇다면 우리는 우리의 철학적인 이성이, 일반적인 인문학의 이성이, 진짜 이성이라고 마음껏 말할 수 있다.

결론

경고와 희망

 인간은 필요 없는 것을 버리면서 중요한 것을 함께 버리는 경향이 있다. 이성을 포함해서 모든 것에는 그 한계가 있다는 자명한 사실로부터 우리는 이성에 대한 회의론과, 이성이 우리 삶과 갖는 관련성에 대한 회의론에 마음이 쏠린다. 나는 이것은 두 가지 방식에서 잘못이라고 주장했다.

 그것이 잘못인 첫 번째 방식은 철학적이다. 철학자들은 이성의 능력을 과도하게 평가했는데, 정념의 지배자라고 주장하는 역할을 칭찬할 때나 자기 자신을 정당화하는 능력에서 특히 그랬다. 그러나 우리는 이유를 제시하는 가치를 포기하지 않고서도 이성에 대한 이런 잘못된 가정을 포기할 수 있다. 우리는 단념해서 두 손을 들어 올리고 모든 것은 자의적이라고 말하지 않아도 된다.

철학자들은 우리 믿음이 연결되는 방법에 대한 두 가지 그림을 비교하곤 한다. 한 그림에서 우리 믿음은 건물과 같다. 우리의 일상생활에 정보를 주는 믿음을 포함해서 대부분의 이런 믿음은 위층들을 쌓아 올린다. 그러나 우리는 모든 위층을 떠받드는 아래층과 바로 그 토대 자체를 만드는 다른 믿음들을 종종 무시한다. 다른 그림에서는 토대적 원리라는 것이 없으며, 따라서 토대가 없다. 우리 믿음들은 그런 것 없이 보강 체계를 형성해간다. 우리의 믿음들은 바다 위에 있는 뗏목과 같아서 우리는 그 위에 서서 통나무를 하나씩 바꿀 수 있을 뿐이다.

이 책에서 옹호된 이성의 견해는 이 두 가지 그림들과 공유하는 바가 있지만 그 둘과 근본적으로 다르다. 이성의 근본적인 원리들은 건물의 토대보다는 홍석(虹石)■과 비슷하다. 아치는 이 돌이 없다면 무게를 지탱할 수 없고 무너지고 만다. 이 돌은 뗏목에서 바꿀 수 있는 통나무와

■ 아치의 중앙 마루에 있는 쐐기 모양의 돌. 요석(要石). 역주

도 다르다. 그렇지만 이 돌은 혼자서는 아치를 지지할 수 없다. 다른 돌들도 제자리에 있어야 한다. 우리는 홍석에만 의지할 수 없다. 그러므로 나는 합리성의 넓은 과학적 원리들이 예전의 회의론이든 새로운 회의론이든 거기에 맞서 옹호될 수 있다고 주장했지만 스스로를 정당화하는 토대에 호소하는 방법으로 그렇게 하지는 않았다. 그 대신에 객관적이고 실천적인 이성으로 우리의 근본적인 인식적 수용들을 옹호해야 한다고 주장했다. 과학적 합리성은 정의로운 시민사회의 핵심적인 장점들을 가지고 있기 때문에 옹호될 수 있는 것이다.

이성을 포기하는 것은 단지 철학적 잘못이기만 한 것은 아니다. 정치적인 잘못이기도 하다. 이성에 대한 회의론은 계몽주의에서 진정으로 고무된 생각, 곧 우리는 동료 인간들과 이성이라는 공통 화폐를 공유한다는 생각을 포기하게 만든다. 그리고 부분적으로는 합리적인 것과 그렇지 않은 것을 구분해줄 수 있는 공유된 원리를 수용함으로써 생기는 공통의 관점이 있다는 생각을 일단 포기한다면 시민사회의 이상도 포기하게 된다. 우리는 보수주의자와 자유주의자는 합리적으로 토론할 수 없고 서로 다른 이성에 의존한다고 다시 생각할 수밖에 없다.[1] 그리고 일단 그렇게 된다면 우리의 모든 정치적 적대자들을 미치광이나 바보라고 생각하는 것과 별반 다르지 않다.[2] 현재 미국의 유해한 정치적 환경은 이런 비합리적인 상황을 혼란스럽지만 명쾌하게 보여주고 있다. 합리성의 공유된 기준이 없다면 이유를 제시하고 묻는 일로 귀찮게 애쓸 필요가 없다고 생각할 것이다. 우리는 진리를 그만 추구할 것이며 편리한 것만 고집할 것이다.

경고와 희망으로 끝내려고 한다. 이성에 대한 수용으로부터 너무 하락하면 사회가 자신만의 방식을 되찾기는 불가능하다는 것이 경고다. 그렇기 때문에 희망이 필요하다. 나는 지불한 값과 실제 가치 사이의 차이, 모든 사람들이 믿는 것과 실제 존재의 차이, 단기간에 합리적으로 보이는 것과 합리적인 토론의 포화에서 살아남은 것 사이의 차이, 힘에 맹목적으로 호소하는 것과 우리의 더 나은 본성이 끈기 있게 호소하는 것 사이의 차이를 깨닫는 사회에서 살고 싶다. 이성을 단순히 수동적으로 받아들이는 것이 아니라 그것을 정열적으로 수용하고 그 원리를 행동으로 옮기는 사회에 살고 싶다.

주석

1장 희망과 이성

1 Kelvin Trudeau, *Natural Cures: What "They" Don't Want You to Know About* (Alliance Publishing, 2006), p. 327. Trudeau의 책은 그중에서도 특히 DNA에 대해, 생각만 함으로써 그것의 구조를 바꿀 수 있다고 주장한다.
2 2007년 6월 1~3일에 18세 이상의 성인 1,007명에게 실시한 조사. Frank Newport, "Majority of Republicans Doubt Evolution," *Gallup News Service*(2007년 6월 11일)을 보라.
3 종교와 공적 삶에 대한 퓨포럼과 퓨인간 및 언론연구센터에서 2006년 8월에 실시한 여론 조사에 따르면, 62퍼센트의 응답자들은 과학자들이 진화론의 타당성에 동의한다고 말했다. "Many Americans Uneasy with Mix of Religion and Politics," 2006년 8월 24일, p. 16. http://pewforum.org/Politics-and-Evolutions/Many-Americans-Uneasy-with-Mix-of-Religion-and-Politics.aspx#3. 그러나 2009년 2월 11일의 갤럽 조사는 10명 중 4명 미만의 미국인만 진화론 자체를 믿는다고 보여준다. Frank Newport, "On Darwin's Birthday, Only 4 in 10 Believe in Evolution," *Gallup News Service*, 2009년 2월 11일.

4 David Masci, "How the Public Resolves Conflicts Between Faith and Science," The Pew Forum on Religion and Public Life, 2007년 8월 27일. Masci는 2006년 8월 실시된 《타임》의 여론 조사를 참조하고 있다.

5 엄격하게 말하면, 감각 지각 그 자체, 다시 말해 감각을 통해서 즉각적인 믿음을 형성하는 행위와 내가 '관찰'이라고 부르는 것, 즉 의식적이든 아니든 감각 지각으로부터 추론하는 행위는 구분할 수 있다. 전자와 달리 후자는 일반적으로 이성 그 자체를 사용하지 않는다고 생각되지만 평범한 성인의 경험에 그 두 가지는 섞여 있다.

6 이성을, 어떤 명제가 경험과 무관하게 선험적으로 참이라는 뜻으로, 더 좁은 의미로 생각하는 철학자들도 많다. 나는 선험적 이성 그 자체에 대해 논의할 생각은 없다. 이 책에서는 그보다는 우리가 과학적 방법은 이성을 활용한다는 것이라고 생각할 때 염두에 두는 '이성'의 의미에 더 관심이 있다.

7 C. Dumbar, *One Nation Under God* (Ovideo, Fla.: Higher Life Development Services, 2008), Russell Shorto, "How Christian Were the Founders?" *New York Times Magazine* (2010년 2월 11일, pp. 32-47), James C. Mckinley, Jr., "Texas Conservatives Seek Deeper Stamp on Texts," *New York Times*, 2010년 3월 10일자를 보라.

8 이것은 철학자 폴 보그시언이 다음과 같이 말할 때 염두에 둔 것이다. "바로 그 원리를 사용해서 우리의 원리를 정당화할 수 있다는 희망은 헛되다는 [주장]은 일반적으로 참이 아니다. 그러나 우

리 자신의 원리가 올바른지 합당하게 의심하게 되는, 중요하긴 하지만 특별한 경우에만 참이다." Paul Boghossian, *Fear of Knowledge* (Oxford: Oxford University Press, 2006), p. 100.

9 David Hume, *Enquiry Concerning the Principles of Morals in Enquires Concerning Human Understanding and Concerning the Principles of Morals*, 3rd ed., ed. L. A. Selby-Bigge, revised by P. H. Nidditch (Oxford: Oxford University Press, 1975), IX, 1, pp. 272-273. 내가 여기서 흄을 인용한 것은 Simon Blackburn이 그의 *Ruling Passions* (Oxford University Press, 2006), p. 210-211에서 공통의 관점 견해에 대해 논의한 것으로부터 영향을 받았기 때문이다. Rachel Cohen, "The Common Point of View in Hume's Ethics," *Philosophy and Phenomenological Research* 57 (1997): 827-850도 보라.

10 J. Cohen, "Deliberation and Democratic Legitimacy," in *Deliberative Democracy: Essays on Reason and Politics*, ed. J. Bohman and W. Rehg(Cambridge, Mass.: MIT Press, 1997), p. 72.

11 '공적 이성'에 대해서는 John Rawls, *Political Liberalism* (New York: Columbia University Press, 1996), pp. 212-213을 보라. Rawls(p. 213)는 공적 이성에 세 가지 기능을 부여했는데, 나는 그가 예의의 '도덕적 의무'라고 일컬었던 것에만 관심이 있다. 그것은 이상적으로 모든 사람들에게 받아들여질 수 있는 이성에 호소해서 우리의 견해를 서로에게 설명하도록 해야 한다는 생각이다. 공적 이성에 대한 중요한 롤스의 견해를 미묘하게 비판하

는 것으로서 Gerald Gaus, "Reason, Justification, and Consensus," in *Deliberative Democracy*, p 214를 보라. 또 롤스에 대한 하버마스의 다음과 같은 비판도 보라. "Reconciliation Through the Public Use of Reason: Remarks on John Rawls's *Political Liberalism*," *Journal of Philosophy* 92 (1995): 109-131.

12 Jean Hampton, "Should Political Philosophy Be Done without Metaphysics?" *Ethics* 99 (1989): 791-814.

13 공통의 인식적인 원리가 있다는 생각에 대해서 최근 아주 다른 방식으로 옹호하는 중요한 저작으로 Robert Talisse, *Democracy and Moral Conflict* (Cambridge: Cambridge University Press, 2009)가 있다. Talisse는 민간이 공유하는 인식적인 원리가 실제로 있으며, 우리는 정치적인 의견 불일치가 있을 때 이 원리를 이용한다고 주장한다. 나는 그와 달리 그런 원리를 공동으로 가져야 한다고 생각한다. 5장에서 왜 그래야 하는지 본격적으로 주장할 것이다.

14 Michael Oakeshott, *Rationalism in Politics and Other Essays* (Indianapolis: The Liberty Fund, 1991), p. 6.

2장 노예도 주인도 아니다 : 이성과 감정

1 A. Todorov, A. N Mandisodza, A. Goren, and C. C. Hall, "Inferences of Competence from Faces Predict Election Outcomes," *Science* 308 (2005): 1623-1626; C. Ballew II and A.

Todorov, "Predicting Political Elections from Rapid and Unreflective Judgments," *Proceedings of the National Academy of the Sciences* 104 (2007): 17948-17953.

2 Ballew II and Todorov, "Predicting Political Elections," p. 17951.

3 특히 Jonathan Haidt의 연구를 보라. J. Haidt, "The Emotional Dog and Its Rational Tail: A Social Intuitionist Approach to Moral Judgment," *Psychological Review* 108, no. 4 (2001): 814-834. J. Haidt, S. Koller, M. Dias, "Affect, Culture, and Morality, or Is It Wrong to Eat Your Dog?" *Journal of Personality and Social Psychology* 65 (1993): 613-628도 보라. Michael Gazzaniga, *Human: The Science Behind What Makes Us Unique* (New York: Harper Perennial, 2008)도 도움이 된다. Paul Bloom은 《네이처》 최근 호에서 이성이 도덕적 판단에서 역할을 한다고 주장했는데, 이 점은 나도 이 책의 아래에서 보여주려는 바다. Bloom, "How Do Morals Change?" *Nature* 464 (2010): 490을 보라. 전문가는 아니지만 관련 분야에 대해 식견이 있는 두 사람이 최근에 개관하는 글을 썼는데, 둘 모두 이성은 우리가 생각하는 것보다 우리의 결정과 관련이 없다고 주장한다. Jonah Lehrer, *How We Decide* (New York: Houghton Mifflin, 2009)와 David Brooks, *The Social Animal* (New York: Random House, 2011)이 그것이다.

4 Drew Westen, Pave S. Blagov, Keith Harenski, Clin Kilts, and Stephan Hamann, "Neural Bases of Motivated Reasoning: An fMRI Study of Emotional Constraints on Partisan Political

Judgment in the 2004 U. S. Presidential Election," *Journal of Cognitive Neuroscience* 18, no. 11 (2006): 1947-1958.

5 『파이돈』, 246a-b, 253c 이하.

6 Dan Ariely *Predictably Irrational* (New York: Harper Collins, 2008)을 보라. 애리얼리는 아마존닷컴 배송 정책을 포함해 수많은 사례들을 논의한다.

7 Antonio Damasio, *Descartes' Error* (New York: Harper Collins, 1995), p. xv.

8 위의 책, pp. 44-45.

9 위의 책, pp. xvii.

10 이 주제에 대해 흥미진진하고 영향력 있는 논의를 보고 싶다면, Jonathan Bennett, "The Conscience of Huckleberry Finn", *Philosophy* 49 (1974): 121-134를 보라.

11 David Hume, *A Treatise of Human Nature,* ed. L. A. Selby-Bigge, rev. P. H. Nidditch (Oxford: Oxford University Press, 1978), p 415.

12 위의 책, p. 416.

13 이른바 기본 감정이라고 부르는 것에 관한 연구는 엄청나게 많다. 빙산의 일각으로 P. Ekman, "The Argument and Evidence About Universals in Facial Expressions of Emotion," in H. Wagner and A Manstead, eds., *Handbook of Social Psychophysiology: The Biological Psychology of the Emotions and Social Processes* (New York: John Wiley and Sons, 1989), pp. 143-164를 보라. 에크먼은 기본 감정의 독록을 그가 쓴

"Basic emotions," *The Handbook of Cognition and Emotion*, ed. T. Dalgleish and T. Power (New York: John Wiley and Sons, 1999), pp. 45-60에서 늘렸다.

14 Catherine Elgin이 말했듯 감정은 정당화되기도 하고 안 되기도 한다. 그의 *Considered Judgment* (Princeton: Princeton University Press, 1996), p. 149를 보라.

15 감정이 특정 상황의 눈에 띄는 모습을 가리키는 '표지'로 기능한다면 지각과 비슷한 점이 있다. 그러면 지각처럼, 그 상황이 어떤지 제대로 반영하지 못했다고 해서 비판받을 수 있다. 화나 쾌활함이나 애통함을 불러일으키는 상황이 아닐 때 그런 감정을 갖는 것은, 방 안에 분홍 코끼리가 없는데도 봤다는 것이 말이 안 되는 것처럼 말이 안 된다. 감정이 지각과 밀접한 관련이 있다거나 동일하다는 이론에 대해서는 R. de Sousa, *The Rationality of Emotion* (Cambridge, Mass.: MIT Press, 1990)과 D. Sosa, "Skepticism about Intuition," *Philosophy* (2006) 88: 633-648과 J. J. Prinz, *Gut Reactions: A Perceptual Theory of Emotion* (Oxford: Oxford University Press, 2004)을 보라.

16 현재 연구 중인 학자 중 흄의 그림을 가장 탁월하게 옹호하는 Simon Blackburn은 *Ruling Passions* (Oxford: Oxford University Press, 1998), p. 25에서 이 점을 말하고 있다. 세련된 흄주의자라면, 동기 목록이 더 정합적인 경우에는 그런 동기 유발이 되지 않을 것이라고 말할 수 있다.

17 이 이론이 정교화된 것으로 M. Lynch, "Trusting Intuition," in P. Greenough and M. Lynch, eds., *Realism and Truth* (Oxford:

Oxford University Press, 2006)을 보라.

18 어떤 것을 직관하는 것은 그것을 그냥 믿는 것이 아니다. 우리는 스스로가 직관적이라고 생각하지 않는 것을 믿을 수 있으며, 믿지 않는 것을 직관할 수 있다. 사례 : 나는 그 어떤 것에 대해서도 자기 자신을 원소로 하는 집합이 있다는 것이 아주 직관적으로 보인다. 그러나 나는 이런 생각이 모순이라는 것을 안다. 따라서 나는 그것을 믿지 않는다.(다음 질문은 과제로 남겨둔다. 스스로의 원소가 아닌 모든 집합들의 집합은 있는가?)

19 Haidt, "The Emotional Dog and Its Rational Tail," p. 818.

20 T. Hoving, *False Impressions: The Hunt for Big Time Art Fakes* (New York: Touchstone Press, 2006), p. 19.

21 M. Polanyi, *Personal Knowledge: Toward a Post-Critical Philosophy* (Chicago: University of Chicago Press, 1974).

22 Haidt, "The Emotional Dog and Its Rational Tail,' p. 818을 보라.

23 위의 책, p. 819.

24 Drew Westen, *The Political Brain: The Role of Emotion in Deciding the Fate of the Nation* (New York: Public Affairs, 2007), p. xv.

25 위의 책, pp. 111-112.

26 위의 책 pp. 112.

27 W. V. O. Quine, "Two Dogmas of Empiricism," in his *From a Logical Point of View* (Cambridge, Mass.: Harvard University Press, 1953), pp. 2-3.

28 같은곳.

29 Haidt, "The Emotional Dog and Its Rational Tail," pp. 814-834.

30 Lincoln Quillian, "Group Threat and Regional Change in Attitudes Toward African-Americans," *American Journal of Sociology* 102 (1996), p. 826.

31 위의 책, p. 111-112.

3장 단지 꿈과 연기뿐

1 Richard Popkin, *The History of Skepticism from Savonarola to Bayle* (Oxford: Oxford University Press, 2003), p. 18.

2 Popkin, *The History of Skepticism*과 Terence Penelhum, *God and Skepticism: A Study in Skepticism and Fideism* (Dordrecht: D. Reidel, 1983)을 보라.

3 Michael de Montaigne, *Apology for Raymond Sebond*, trans. R. Ariew and M. Greene (Indianpolis: Hackett, 2003), p. 50.

4 위의 책, p. 102.

5 이 일의 정확한 날짜는 논란거리다. 나는 이것을 1628년으로 본 Richard Popkin을 따랐다. 그의 *The History of Skepticism*, p. 147을 보라. Desmond Clarke를 포함한 몇 사람은 그 전해 가을에 일어났을 수 있다고 지적했다. Clarke, *Descartes: A Biography* (Cambridge: Cambridge University Press, 2006), p. 423을 보라.

6 Descartes, *Discourse of Method*에서. Popkin, *The History of*

Skepticism, p. 145를 보라.

7 René Descartes, *Meditations on First Philosophy*, trans. J. Cottingham (Cambridge: Cambridge University Press, 1986), p. 12.

8 데카르트 자신은 악순환의 혐의에 대해 대답했다고 생각했지만 그 대답의 정확한 내용은 논란거리로 남아 있다. 그의 대답은 "The Fourth Replies" in *The Philosophical Writings of Descartes*, vol. 2, ed. J. Cottingham, R. Stoothoff, D. Murdoch, and A. Kenny (Cambridge: Cambridge University Press, 1991)에서 볼 수 있다. 악순환이라고 주장하는 문헌은 방대하다. 다음을 보라. Michael Della Rocca, "Descartes, the Cartesian Circle, and Epistemology Without God," *Philosophy and Phenomenological Research* 70 (2005), pp. 1-33; Louis E. Loeb, "The Cartesian Circle," in *The Cambridge Companion to Descartes*, ed. John Cottingham (Cambridge: Cambridge University Press, 1992); Ernest Sosa, "How to Resolve the Pyrrhonian Problematic: A Lesson from Descartes," *Philosophical Studies* 85 (1997), pp. 229-249.

9 David Hume, *Enquiry Concerning Human Understanding*, ed. T. Beauchamp (Oxford: Oxford University Press, 1999), p. 199 (§ 12, 1).

10 이것은 몽테뉴가 놓친 것으로 보인다. 그의 캐치프레이즈는 "나는 무엇을 아는가?"였는데, 그의 이미지를 담은 동전에 그 문구가 그대로 새겨져 있다. Steven Hales는 이것을 놓치지 않았는

데, 그의 독창적인 *Relativism and the Foundations of Philosophy* (Cambridge: Mas.: MIT Press, 2006)은 내가 아래에서 인식적 상대주의를 구성하기 위해 '인식적 공약 불가능성'이라고 부른 것과 비슷한 논증을 제시한다.

11 Ernest Sosa의 *Apt Belief and Reflective Knowledge*, 2 vols. (Oxford: Oxford University Press, 2007, 2009)를 보라. 특히 vol. 2의 7장과 8장을 보라. Sosa의 생각과 비슷한 생각은 다양한 전통에 있는 여러 철학자들로부터 배척받았다. Michael Polyani는 '암묵 지식'에 대해서 말했고, Sosa 자신은 근대 철학 전체에서 기본적인 생각의 흔적을 발견할 수 있다고 주장했다. 더 최근에 동물 지식의 가능성은 인식론에서 외재론의 견해와 아주 밀접하게 관련을 맺는다.

12 예를 들어 *The Philosophical Writings of Descartes*, ed. J. Cottingham, R. Stoothoff, and D. Murdoch (Cambridge: Cambridge University Press, 1991), vol. II, p. 101의 두 번째 답변 모음을 보라.

13 Sosa, *Apt Belief and Reflective Knowledge*, vol. 1, pp. 130-131을 보라.

14 철학자들은 여기에서 문제 되는 유형의 순환을 종종 '인식적 순환성'이라고 부른다. 이것은 '전제 순환성'과 구분하기 위해 붙은 이름이다. 전제 순환성은 결론이 전제에 (숨은 형태로라도) 나타나기 때문에 논증이 순환적이다. 반면에 전제의 수용을 정당화하기 위해서 결론의 참을 받아들여야 할 때 논증은 인식적으로 순환적이다. 이 주제를 논의하는 고전적인 전거는 W. P.

Alston의 *The Reliability of Sense Perception* (Itacha: Cornell University Press, 1993)이다.

15 Alston이 언급한 것처럼(위의 책, p. 19), 이를테면 청각이나 촉각에 호소해 시각의 신뢰성을 정당화할 수 있다고 항의해봐야 아무 소용 없다. 청각이나 촉각의 신뢰성을 정당화하기 위해서는 어느 지점에선가 다시 시각에 의존할 수밖에 없기 때문이다.

16 연역의 신뢰성을 옹호하기 위해 간단하게 지금까지의 실적에 의존하는 논증을 이용할 수 없을까? 아마 해도 될 것이다. 그러나 연역의 신뢰도의 양상적인 강도 문제는 제쳐놓고라도 다음과 같은 문제가 생긴다는 점을 주의해야 한다. 지금까지의 실적에 의존하는 논증은 "만약 T가 지금까지의 실적에 의존하는 논증이고, T는 M이 신뢰성 있다고 보여주면, M은 신뢰성 있다."는 원리로부터 명백한 연역적 추론을 가정한다. 관련된 추론을 가정으로 가지고 있지 않다면, 지금까지의 실적에 의존하는 논증은 연역 추론의 신뢰성과 무관하다. 관련된 추론을 가정으로 가지고 있다면, 이번에는 인식적으로 순환적이다.

17 텍사스교육위원회 사건에 관여된 사람들도 아마 여기에 포함될 것이다. Russell Shorto, "How Christian Were the Founders?" *New York Times Magazine* (2010년 2월 11일), p. 35를 보라.

18 스미스는 자신의 윤리를 옹호하기 위해 내가 위에서 말한 논증 이외에 성경이 말하는 것에 의존하지 않는 다른 독립적인 논증을 내놓으려고 시도할 수 있다. 다양한 예언자의 가르침이나 성경 이외의 경전에 호소할 수 있을 것이다. 그러면 존스는 그런 근원의 신뢰성에 대해 물을 것이다. 그러면 스미스는 신의 행동

과 의지가 신묘하게 계시했다거나 그것을 신비로운 능력으로 알아차렸다는 식으로 더 기본적인, 비추론적인 믿음 형성 방법에 호소할 수 있을 것이다. 그러나 그 방법의 신뢰성에 대한 문제가 다시 제기될 수 있다(아마 제기될 것이다). 헤일스가 주장한 것처럼(*Relativism and the Foundations of Philosophy*, pp. 53-54), 스미스는 순환 논증을 사용하지 않고서는 이런 방법의 신뢰성을 증명할 수 없을 것이다. 성경이나 신비로운 인식 능력에 호소하지 않고서는 신뢰성 있게 신을 증거하거나 지각한다는 주장을 옹호하기는 어렵기 때문이다.

19 Thomas Nagel, *The Last Word* (Oxford: Oxford University Press, 1996), p. 5와 비교하라. "추론한다는 것은 내 어깨 너머로 볼 수 있는 모든 사람들이 참으로 인식할 수 있어야 하는 방식으로 체계적으로 생각한다는 것이다." Nagel은, 현재 설명과 다르게, 이것을 이유를 제시하는 것뿐만 아니라 그냥 추론에 대해서도 조건이라고 주장한다.

20 쿤의 용어는 몇 년 전에 Duncan Pritchard가 나에게 제안했다. 이 문제에 대한 Pritchard 자신의 시도는 "Epistemic Relativism, Epistemic Incommensurability, and Wittgensteinian Epistemology," in *A Companion to Relativism*, ed. S. Hales (Oxford: Wiley-Blackwell, 2011), pp. 206-285를 보라. 또 Boghossian, *Fear of Knowledge* (Oxford; Oxford University Press, 2004), pp. 118-121도 보라.

21 이것은 인식론에서 '외재론'이라고 일컫는 것에 속하는 사람들로부터 기대할 수 있는 반응이다. 그러나 내가 이 책에서 주장하

는 것처럼, 나는 적어도 이 책의 목적을 위해서는 외재론과 싸울 생각이 없다. 여기서 주제는 지식이 아니고, 이성의 역할이기 때문이다. 인식적 순환성의 맥락에서 외재론과 회의론의 논의에 대해서는 다음을 보라. Richard Fumerton, *Metaepistemology and Skepticism* (Boston: Rowman& Littlefield, 1996), pp. 159-181; Barry Stroud, 'Scepticism, 'Externalism,' and the Goal of Epistemology," *Aristotelian Society Supplementary Volume* 68 (1994), pp. 291-307; Duncan Pritchard, *Epistemic Luck* (Oxford: Clarendon Press, 2007), pp. 208-213; B. Reed, "Epistemic Circularity Squared? Skepticism about Common Sense," *Philosophy and Phenomenological Research* 73 (2006): 186-197; Ernest Sosa, "How to Resolve the Pyrrhonian Problematic: A Lesson from Descartes," *Philosophical Studies* 85 (1997): 229-249; Sosa, "Reflective Knowledge in the Best of Circles," *Journal of Philosophy* 94 (1997): 410-430.

22 이것은 이를테면 공리성의 요구와 인간의 존엄성이 충돌하는 경우처럼 도덕적 딜레마에 빠져 있는 사람에게, "네가 올바른 도덕적 원리에 따라 행동한다면, 올바른 행동을 할 것이다."라는 원리가 있으므로 걱정하지 말라고 말하는 것과 비슷하다. 그런 소중한 말을 해주다니, 고마울 따름이다.

23 여기서의 주제는 '동료 불일치의 인식론'이라는 제목으로 보통 논의되는 것은 아니다. 그것은 우리가 인식적으로, 그리고 지적으로 동료라고 간주하지만 우리가 똑같이 정보를 들은 것에 대해서 의견이 일치하지 않는 사람을 만났을 때 도출해야 하는 결

론에 대한 논쟁이다. 상대방과 내가 어떤 근본적인 인식적 원리의 참에 대해 의견이 일치하지 않을 때, 우리는 서로를 지적인 사람이라고 간주해도 인식적 동료라고는 간주할 수 없을 것이다. 상대방의 근본적인 인식적 원리는 기본적인 믿음의 방법과 관련되기 때문이다. 그리고 상대방이 신뢰성 있다고 생각하는 기본적인 믿음의 방법은 그가 증거라고 간주하는 것을 결정할 것이다. 따라서 당신은 근본적인 인식적 원리에 대해서 의견이 일치하지 않는 사람이 당신과 동일한 증거를 가지고 있다고 여기지 않을 것이다. 딴 이유가 아니라, 당신의 관점에서 보면 그 사람은 자신에게 그런 증거를 주는 방법을 무시할 것이기 때문이다. 예의 그 창조론자를 생각해보자. 그는 나를 인식적인 동료로 생각하지 않을 텐데, 내가 성경을 참조하지 않으므로 (또는 영성과 같은 것이 부족하므로) 그와 똑같은 증거를 가지고 있지 않기 때문이다. 동료 불일치의 인식론에 대해서는 다음을 보라. Thomas Kelly, "The Epistemic Significance of Disagreement," in T. S. Gendler and J. Hawthorne, eds., *Oxford Studies in Epistemology*, vol. 1 (Oxford: Oxford University Press, 2005), pp. 167-196; Richard Feldman, "Reasonable Religious Disagreements," in Louise Antony, ed., *Philosophers without Gods: Mediations on Atheism and the Secular Life* (Oxford: Oxford University Press, 2007), pp. 194-214; David Christensen, "Epistemology of Disagreement: The Good News," *Philosophical Review* 116, no. 2 (2007): 187-217.

4장 이성의 종말: 전통과 상식

1 Thomas Kuhn, *The Structure of Scientific Revolutions* (Chicago: University of Chicago Press, 1962), p. 109.
2 Alasdair MacIntyre, *Whose Justice? Which Rationality?* (Notre Dame: University of Notre Dame Press, 1988), p. 367. 이 문장은 전통과 신앙주의에 대한 MacIntyre의 이전 의견과 충돌하는 것 같다. 논의를 위해서는 Mark Mitchell, "Michael Polanyi, Alasdair MacIntyre, and the Role of Tradition," *Humanitas* 19 (2006): 97-125를 보라.
3 Michael Oakeshott, "Reason and the Conduct of Political Life," in his *Rationalism in Politics and Other Essays* (Indianapolis: Liberty Fund, 1991), p. 56.
4 Oakeshott, *Rationalism in Politics*, p. 37.
5 Kuhn, Structure, p. 151.
6 위의 책, p. 150.
7 위의 책, p. 109.
8 Richard Rorty, "Universality and Truth," in *Rorty and His Critics*, ed. R. B. Brandom (Oxford: Blackwell, 2000), p. 20.
9 이런 비난을 피할 수 있는 상대주의도 있다. Steven Hales, *Relativism and the Foundations of Philosophy* (Cambridge, Mass.: MIT Press, 2005)의 견해를 보라. 물론 그 비난을 피할 수 있는 상대주의는 '상대주의'라고 불리지 않을 것이다.
10 Ludwig Wittgenstein, *On Certainty*, ed. And trans. G. E. M.

Anscombe and G. H. von Wright (Oxford: Blackwell, 1969), §110. 이것과 관련 문장들에 대한 주석으로는 Michael Williams, *Unnatural Doubts: Epistemological Realism and the Basis of Scepticism* (Oxford: Blackwell, 1991)과, Duncan Pritchard, "Wittgenstein on Scepticsm," in *The Oxford Handbook of Wittgenstein*, ed. O. Kuusela and M. McGinn (Oxford: Oxford University Press, 2011)을 보라.

11 Wittgenstein, *On Certainty*, §205.

12 위의 책, §§341-343.

13 위의 책, §264

14 Wittgenstein, *On Certainty*, §§ 611-612. 또 Duncan Pritchard, "Epistemic Relativism, Epistemic Incommensurability, and Wittgensteinian Epistemology," in *The Blackwell Companion to Relativism*, ed. S. Hales (Cambridge: Blackwell, 2011), pp. 266-285도 보라.

15 우리는 우리가 결정할 수 있는 공통의 어떤 것이 필요하다. 전통주의자들은 물론 그런 공통의 것을 가지고 있다고 주장할 수 있다. 공통의 전통이 그것이다. 그리스도교 국가에 살고 있는 우리는 '신 아래에서 하나의 나라' (1950년대 미국 화폐에 쓰여 있던 슬로건)라고 말할 수 있다. 그러나 모든 사람이 동의하는 것은 아니다. 나도 동의하지 않는다.

16 이것은 MacIntyre의 입장인 것처럼 보인다. *Whose Justice? Which Rationality?* pp. 351-352를 보라.

17 David Hume, *An Enquiry Concerning Human Understanding*,

ed. T. Beauchamp (Oxford: Oxford University Press, 1999), pp. 121 (§5, 4-5).

18 위의 책, pp. 123-124 (§5, 8).

19 Thomas Reid, *Inquiry into the Human Mind*, ed. D. R. Brooks (Edinburgh: Edinburgh University Press, 1999), p. 33. 리드의 상식적인 인식론에 대한 뛰어난 논의는 N. Wolterstorff, *Thomas Reid and the Story of Epistemology* (Cambridge: Cambridge University Press, 2001), 특히 pp. 215-216에서 볼 수 있다.

20 William Alston은 내가 리드의 생각이라고 밝힌 것과 비슷한 전략을 제안한다. "우리가 신뢰성 있는 믿음 형성 관행이라고, 그리고 아마도 참인 믿음이라고 (……) 받아들이는 것을 탐구에서 사용하는 데 대한 (현실적으로 합리적이거나 아니거나) 대안이 없다." Alston의 주장은 언제나 일부 원리들을 당연하게 생각해야 한다는 것이다. Alston이 이런 사실 자체가 인식적인 또는 현실적인 중요성이 있다고 생각했는지는 전혀 분명하지 않다. 어쨌든 내가 이 책에서 주장하는 것처럼 '대안이 없다'는 주장은, 올바른 방향으로 내딛는 중요한 발걸음이기는 하지만 가장 기본적인 원리들이 비판받을 때 그것들에 대해서 상대방에게 어떻게 이유를 제시할 수 있는지를 언제나 충분히 설명하는 것은 아니다. Alston, Beyond "*Justification*" (Itacha, N. Y.: Cornell University Press, 2005), p. 221. Hales, *Relativism and the Foundations of Philosophy*, p. 85와 Boghossian, *Fear of Knowledge*도 보라.

21 John M. Frame, "Presuppositional Apologetics," in *Five Views*

on Apologetics, ed. S. N. Gundry and S. B. Cowan (Grand Rapids, Mich.: Zondervan, 2000), p. 217.

22 로마인들에게 보낸 편지 1, 19-20(공동 번역).

23 Vincent Cheung, "Professional Morons," 2005. Cheung의 글은 그의 웹페이지인 http://www.vincentcheung.com에서 볼 수 있다.

24 이 점은 이 책에서 관심이 있는 이성에 대해 아주 다른 회의론자에게 대답하려는 목적으로, 지식에 대한 회의론에 관한 Cripson Wright의 중요한 연구를 사용하려는 시도에 불리하게 작용하기도 할 것이다. Wright의 기본적인 생각은, 우리는 어떤 원리에 권리가 있다는 것이다. Wright의 의미에서 권리가 있다는 것은 대충 말해보면, 어떤 명제를 믿을 인식적인 이유는 없지만 그것에 대한 인식적인 보장은 가지고 있다는 뜻이다. 다음과 같은 때에 어떤 명제에 대해 이런 의미에서 권리가 있다. (a) 그 명제가 우리의 인지적 계획에 의해 가정되었다. (b) 그것이 참이 아니라고 생각할 이유가 없다. (c) 그것을 정당화하려는 시도는 인식적인 위치가 더 뛰어나지 않은 명제들에 의존한다. 우리는 이런 의미에서 근본적인 원리들에 권리를 가지고 있을지도 모른다. 그리고 Wright가 제안한 것처럼 권리는 그 성격상 인식적인 것이고 실용적인 것이 아닐지도 모른다. 우리가 믿음에 대한 정당화라고 부르는 것을 제공해주는 것이다. 만약 그렇다면 어떤 형태의 회의론은 거짓일 수 있다. 그래서 이런 제안은 중요한 장점을 지니고 있기는 하지만 심오한 인식적인 불일치가 있을 때 그것에 대한 인식적으로 합리적인 해결을 보여주지는 못한다. 예를

들어, 스미스(3장의 젊은 지구 창조론자)가 자기는 근본적인 인식적 원리에 대해 권리를 가지고 있다고 말한다고 해보자. 그럴 수 있다. 성경을 과거에 대한 가장 신뢰성 있는 안내자로 취급하는 것은 그의 기본적인 인지적 계획—신의 의지를 이해하는 것과 같은 것—에 의해 정말로 가정되어 있다고 상상할 수 있기 때문이다. 그리고 그는 그것이 신뢰성이 없다고 생각할 이유가 없기 때문이다. 나는 우리가 스미스의 인지적 계획을 받아들이지 않는다면 그렇게 생각하지 않을 것이라고 의심한다. 우리는 우리의 관점에서 스미스의 방법이 신뢰성이 없으며, 따라서 그의 근본적인 인식적 원리는 거짓이라고 믿을 이유를 제시할 수 있다고 느낄 수도 있다. 그러나 정말 그런지 안 그런지는 우리와 스미스가 의견 일치를 보지 못하는 바로 그 문제다. 만약 우리의 인식적 불일치가 정말로 깊다면, 문제 되는 믿음의 영역에서는 서로의 인식적 이유를 인정하지 않을 것이다. 딴 게 아니라 그런 이유 자체는 그 신뢰성이 의심되는 근원에 의해 생성되었기 때문이다. 간단히 말해서 "나는 P에 권리가 있다"라는, 권리가 있는 사람이 P를 주장하는 데 보장되었다고 하더라도 인식적 불일치가 깊은 경우에는 P에 대한 이유를 제시하는 데 쓸 수 없다. Cripsor. Wright, 'Warrant for Nothing (and Foundations for Free)?" in *Proceedings of the Aristotelian Society Supplementary Volume* 78, no. 1 (2004): 167-212를 보라.

5장 인간성의 성스러운 전통

1 클리퍼드가 한때 가르쳤던 세인트앤드류대학교 교수학 및 통계학과의 웹사이트에는 클리퍼드의 수학적 삶에 대한 유용하면서 짧은 논문이 있다. "William Kingdom Clifford" by J. J. O'Connor and E. F. Roberston.http://www-history.mcs.st-and.ac.uk/history/Biographies/Clifford.html을 보라.
2 W. K. Clifford는 처음에 *Contemporary Review*에 출판했다. 여기서 페이지는 *The Ethics of Belief and Other Essays*, intro. T. Madigan (Amherst, N. Y.: Prometheus Books, 1999)를 참조한다.
3 David Berlinski, *The Devil's Delusion: Atheism and Its Scientific Pretensions* (New York: Crown Forum, 2008), p. 47.
4 Clifford, *The Ethics of Belief*, p. 76.
5 위의 책, p. 91.
6 집에서 이런 실험을 해보라. 머리에서 푸른 꽃이 튀어나와 자라고 있다고 지금 당장 믿으려고 시도해보라. 믿어지는가? 어려울 것이다. "내 머리에서 푸른 꽃이 튀어나와 자라고 있다."라는 말을 하고 그렇게 상상하는 한 그 말을 이해할 수는 있다. 그러나 그렇게 믿게 할 수 없는 것은, 내가 조지 클루니보다 잘 생겼다거나 아인슈타인보다 똑똑하다고 믿게 할 수 없는 것이나 마찬가지다. 어떤 것이 참이라고 느끼느냐 못 느끼느냐는 나에게 달려 있는 것이 아니다. 결과적으로, 우리의 믿음이 도덕적으로 그르다고 말하는 것이 말이 안 되는 것은, 우리의 기쁘거나 슬프다는 느낌이 도덕적으로 그르다는 것이 말이 안 되는 것이나 마찬가지다.

7 내가 여기서 '수용'이라고 일컬은 것은 L. Jonathan Cohen의 '수락'(acceptance) 개념에서 가져왔다. 그의 *An Essay on Belief and Acceptance* (Oxford: Oxford University Press, 1992), p. 4를 보라.
8 믿음과 수용의 차이점은 종종 못 보고 지나친다. 이것은 '믿음'이라는 말이 일상 대화에서 이중의 의무를 수행한다는 데 일부 기인한다. 대부분의 경우, 믿음은 어떤 명제가 참이라고 느끼는 성향을 뜻한다고 생각한다. 이런 의미에서 믿음은 다른 느낌과 비슷하다. 의지의 통제를 받지 않는 것이다. 그러나 '믿기를 거부한다'나 '믿겠다고 결심한다'라고 말할 때처럼 능동적인 마음의 상태를 가리키기 위해서 '믿음'을 사용할 때도 있다. 이때 우리는 우리가 실제로 통제할 수 있는 마음의 상태에 대해 생각하고 있는데, 이런 마음의 상태는 믿음과 혼동될 수 있지만 그 둘은 같지 않다. 이런 행동은 '수용'이라고 부르는 것이 낫다.
9 합리적 신뢰에 대한 비슷한 언급으로는 Cripson Wright, "Warrant for Nothing (and Foundations for Free)?" in *Aristotelian Society Supplementary* Volume 78, no. 1 (2004): 167-212를 보라.
10 W. P. Alston은 비슷한 전략을 옹호했다. 실천적으로 가장 합리적인 방법은 '우리 삶에서 가장 단단하게 뿌리내린' 방법이라는 것이다(*The Reliability of Sense Perception* [Itacha: Cornell University Press, 1993], p. 125). 따라서 그 원리들이 충돌한다는 것을 알게 될 때, '우리는 더 단단하게 확립된 관행을 선호해야 한다." 이것은 다른 무엇보다 더 '널리 받아들여지고', '더 중요하고', '본질적인 토대를 더 많이 가지고 있고', '버리기가 더 어려

운' 관행들을 선호한다는 뜻이다(위의 책, p. 136). 우리도 살펴보겠지만 Alston의 마지막 두 가지는 더 들여다볼 만하다. 나도 그것과 비슷한 주장을 할 것이다. 그러나 그가 처음에 말한 것들은 내가 보기에 도움이 되지 않는다. 선결문제를 요구하지 않고서, 두 가지 경쟁하는 근본적 인식적 원리 중에서 어느 쪽이 더 '널리 받아들여지고' 또 '더 중요한지' 말할 수 있는 방법을 알기 어렵기 때문이다. 더구나 '널리 받아들인다'는 특정 관행을 선호하는 좋은 실천적인 이유인 것 같지도 않다. 실제로 받아들이는 행동을 누가 하는지에 의존하다 보면 그것은 나쁜 이유가 될 수 있다. 더구나 내가 4장에서 주장한 것처럼 사회적 정착에 호소하는 것이 인식적 원리들 사이의 논쟁을 판결할 때, 적어도 가정적으로라도 도움이 될 수 있는 공적인 이유를 어떻게 제시하는지 분명하지 않다.

11 다음을 보라. Brian Deer, "MMR Doctor Andrew Wakefield Fixed Data on Autism," *Sunday Times* (2009년 2월 8일); G. A. Poland and R. M. Jacobson, "The Age-Old Struggle against the Antivaccinationsists," *New England Journal of Medicine* 364, no. 2 (2011년 1월): 97-99.

12 Helen E. Longino, *Science as Social Knowledge: Values and Objectivity in Scientific Inquiry* (Princeton: Princeton University Press, 1990), p. 69를 보라.

13 Nicholas Wade, "Harvard Finds Scientist Guilty of Misconduct," *New York Times* (2010년 8월 20일), p. 21과 "Scientist Under Inquiry Resigns from Harvard" (2011년 7월 20

일), p. A17을 보라.

14 물론 여기에는 과학적 실재론의 성격에 대한 깊은 문젯거리가 있다. 이 책의 접근과 일치하는 훌륭한 논의로는 Philip Kitcher의 *Science, Truth, and Democracy* (Oxford: Oxford University Press, 2001), 2장을 보라.

15 Longino, *Science as Social Knowledge*, pp. 62-63을 보라.

16 물론 나는 인식적 권리의 공개성과 객관성이 그것이 참이라는 것을 뜻한다고 주장하는 것은 아니다. 더구나 원리가 어느 정도 공개적이고 객관적으로 평가될 수 있다는 사실은 중립적으로 인식적인 이유도 아니다. 상대방과 내가 진정으로 근본적인 인식적 원리에 대해 의견 일치가 안 된다면, 그 원리가 공적으로 평가되는 데 공개되어 있다는 사실에 호소해서 상대방에게 참이라고 확신시킬 수 없다. 하지만 그 원리가 더 실천적으로 합리적이라는 것은 설득할 수 있을지 모른다.

17 비교하는 근본적인 원리의 보기로 과거만 있는 것은 아니다. 다른 보기를 보자.

내성 : 우리의 의식적인 정신 상태에 대해서 배울 수 있는 가장 신뢰성 있는 방법은 그 상태를 내성하는 것이다.

이것은 심리철학에서 논쟁이 되는 입장이다. 논의(그리고 이 원리의 비판)를 위해서는 Hilary Kornblith, *Knowledge and Its Place in Nature* (Oxford: Clarendon Press, 2002) 4장을 보라.

18 John Rawls, *A Theory of Justice* (Cambridge, Mass.: Harvard

University Press, 1971), p. 11.
19 철학자 에버하드 헤르만(Eberhard Herrmann)과 함께 스웨덴에 있는 그의 집 근처를 산책하면서, 롤스의 아이디어를 이런 식으로 수정하겠다는 생각을 처음으로 하게 되었다.
20 이런 기본 유형과 관련된 복잡한 결정과 그 유형에 속하는 원리들에 어떻게 가중치를 줄지에 대한 후속 결정(뒤에서 이야기하겠다)은 그 원리들 사이의 일관성과 정합성의 문제며, 그 개념을 어떻게 이해하느냐는 문제가 될 것이다. 우리는 일관성에 대한 우려를 생각해서 참가자들이 관련 원리들을 새로이 조정해야 한다고 상상할 수 있다.
21 게임을 하는 관점에서는 그 방법이 정말로 효율적인지 판단할 수 없기 때문에 '외관상 보이는 효율성'이라고 말했다.
22 Alston이 다음과 같이 말할 때 유사한 우려를 표현한 것이다. "어떤 방식의 믿음 형성을 사용할지에 대해 추론에 의해 선택할 때, 이성에 근거해서 선택하지 않고 우리 마음대로 [근본적인 인식적 원리를] 사전에 가지지 않았고 그렇게 한다는 것은 의문의 여지가 없다는 문제는 해결되지 않는다(*Beyond "Justification"* [Itacha: Cornell University Press, 2005], pp. 219-220). 따라서 그는 특정 인식적 원리를 일시적으로 선택하는 것은 '임의적'인데, 그렇게 하는 것은 어떤 원리에 이미 호소하는 것이기 때문이라고 덧붙인다. 사실 이것은 내가 제시한 방법 게임에 대한 우려는 아니다. 내가 이 책에서 분명히 말하는 것처럼, 나는 게임의 모든 참가자들이 인식적 수용들 일습을 가지고 협상하러 나올 것이라는 사실을 분명히 허용하기 때문이다.

23 William F. Alston, *The Reliability of Sense Perception* (Itacha: Cornell University Press, 1993), p. 132.
24 P라고 아는 것은 P라고 믿는 것이 인식적으로 합리적일 것을 요구하고, 당법 게임이 우리의 인식적 원리들에 제시하는 이유는 인식적이지 않다고 반박하는 사람도 있을 것이다. 의심의 여지가 없다. 그러나 현재 문제는 우리의 인식적 수용이 합리적인 방식이 아니라 그런 수용이 대상으로 하는 믿음의 방법이 생산하는 믿음이 합리적인가 아닌가이다. 현재 논증은 다음과 같다. 특정 믿음 형성 방법을 신뢰하는 것이 합리적이라면 이 방법이 생산하는 믿음은 합리적이다. 그리고 신뢰성 있는 방법이 생산하는 믿음은 명백하게 인식적으로 합리적이다.
25 Michael Fuerstein, "The Scientific Public: Inquiry in Democratic Society." Ph. D. dissertation, Columbia University, 2009를 보라.

6장 진리와 거리의 파토스

1 Richard Rorty, "Response to Williams," in *Rorty and His Critics*, ed. R. B. Brandom (Cambridge: Blackwell, 2000), p. 217.
2 Richard Rorty, "Response to Ramberg," in *Rorty and His Critics*, p. 375.
3 Richard Rorty, "Universality and Truth," in *Rorty and His Critics*, p. 7.

4 위의 책, p. 2.

5 위의 책, p. 4.

6 Simon Blackburn, *Spreading the Word* (Oxford: Oxford University Pres, 1984). 다른 견해로는 G. Vision, *Veritas* (Cambridge, Mass.: MIT Press, 2004)를 보라.

7 이 생각은 전형적으로 타르스키식 회귀적 진리 정의를 정신적 표상에 유비시킨 것으로서, 정신 내용의 진리를 만족, 술어 적용, 지시체와 비슷한 것에 의존해서 정의한다. H. Field, "Tarski's Theory of Truth," *Journal of Philosophy* 69 (1972): 347-375와 M. Devitt, *Realism and Truth* (Princeton, Princeton University Press, 1984)를 보라.

8 이것은 분명히 이론에 대해 최소한의 암시만 한 것이다. 무엇보다 인과적 동형성만 가지고서는 정확한 표상을 위해 충분하지 않기 때문이다. 그 한 가지 이유는, 런던 지하철 지도는 무수히 많은 것들, 예컨대 풀잎 모양, 화성의 협곡, 개밋둑의 터널과 구조적으로 동형적일 수 있기 때문이다. 따라서 내 지도가 런던 지하철 지도가 되게 하는 것은 구조적 관계를 공유하는 것만으로는 안 된다. 이런 문제를 극복하기 위해서 무엇이 더 필요한지는 말할 것도 없이 관련 학계를 풍성하게 하는 주제다. 예컨대 다음을 보라. M. Devitt, Designation (New York: Columbia University Press, 1981)과 *Realism and Truth*, 2nd ed. (Princeton: Princeton University Press, 1997). 다음도 보라. F. Dretscke, *Knowledge and the Flow of Information* (Cambridge, Mass.: MIT Press, 1981); R. Millikan, *Language, Thought and Other Biological*

Categories (Cambridge, Mass.: MIT Press, 1984); J. Fodor, *Psychosemantics* (Cambridge, Mass.: MIT Press, 1987).

9 가치의 주장과 관련해서 이 점에 대한 나의 자세한 설명과 옹호는 "The Values of Truth and the Truth of Values," in *Epistemic Value*, ed. A Haddock, A. Millar, and D. Pritchard (Oxford: Oxford University Press, 2010)을 보라.

10 물론 축소주의자는 이것은 '소크라테스가 말한 모든 것은 참이다.'와 같은 일반화의 경우에는 해당하지 않는다고 인정할 것이다. 그러나 축소주의자는 이것이 자신의 주장을 하는 데 도움이 된다고 말한다. '참'의 유일한 기능은 그런 일반화를 만드는 데 도움을 주는 것이고, 따라서 늙은 소크라테스가 했을 모든 말을 되풀이하는 지겨운 (아마도 불가능한) 일을 하지 않아도 되기 때문이다. Paul Horwich, *Truth*, 2nd edition (Oxford: Oxford University Press, 1998)을 보라.

11 Richard Rorty, *Consequences of Pragmatism* (Minneapolis: University of Minnesota Press, 1982), p. xiii.

12 나의 "Minimalism and the Value of Truth," *Philosophical Quarterly* 54 (2004): 495-517을 보라. 축소주의에 대한 중요한 반론으로는, Anil Gupta, "A Critique of Deflationism," *Philosophical Topics* 21 (1993): 53-81을 보라.

13 진리 역할을 하는 속성은 하나 이상이 있을 수 있다는 생각은 물론, 전문적으로 중요하게 발전되어야 한다. 나의 *Truth as One and Many* (Oxford: Oxford University Press, 2009)를 보라. 나는 이 견해를 다음 논문에서 처음으로 제시했다. "A

Functionalist Theory of Truth," in *The Nature of Truth*, ed. M. P. Lynch (Cambridge, Mass.: MIT Press, 2001). 나의 "Truth and Multiple Realizability," *Australasian Journal of Philosophy* 82 (2004): 384-408도 보라.

14 초정합 개념은 Cripson Wright의 *Truth and Objectivity* (Cambridge, Mass.: Harvard University Press, 1992)에서 정의된 '초-주장 가능성'과, C. S. 퍼스의 초기 사상에서 나왔다. 퍼스의 논의에 관해서는 Cheryl Misak, *Truth and the End of Inquiry* (Oxford: Oxford University Press, 2004)를 보라.

15 믿음 체계는 셀라스가 말한 대로 '잘 어우러지는' 정도에 따라, 다시 말해서 그것을 구성하는 믿음들이 전체적으로나 개별적으로나 서로를 연역적으로, 귀납적으로 지지하는 정도에 따라 **정합적**이다. '탐구 단계'는 그 구절이 말해주는 것처럼, 보증된 정보나 증거의 상태다. 단계는 확장 가능한 것으로(추가 정보가 언제나 들어올 수 있다), 총괄적인 것으로(모든 다음 탐구 단계는 이전 단계에서 보증된 정보를 포함한다) 이해된다. 독자는 우리의 조건이 탐구 단계가 잠재적으로 불완전할 가능성을 열어두고 있음을 알아차릴 것이다. 다시 말해서 특정 탐구 단계에 상대적으로, 특정 믿음도 그것의 부정도 초정합적이지 않을 수 있다. 초정합성은 진리 역할을 한다는 생각과 결부해 생각하면, 이것은 배중률을 부인하게 되고, 그에 따라 이중 부정 제거 규칙도 부인하게 된다. 이것은 활발하게 논의되는 주제인데, 최근의 두 연구로 Wright, *Truth and Objectivity*, pp. 37-38과 JC Bell and Greg Restall, *Logical Pluralism* (Oxford: Oxford University

Press, 2006)이 있다.

16 Richard Rorty, "True to Life: Why Truth Matters," *Philosophy and Phenomenological Research* 71 (2005), pp. 231-239.

17 이 주장에 대한 더 상세한 내용은 나의 *Truth as One and Many* (Oxford: Oxford University Press, 2009), pp. 41-42에서 볼 수 있다.

18 이 주장은 러셀이 예상했다. "정합론에 대한 반론은 다음과 같은 것인데, 그것은 이 이론이 정합적인 전체를 구성할 때 진리와 거짓의 더욱 일상적인 의미를 가정하고 있고, 더욱 일상적인 의미는, 이 이론에 꼭 필요한 것이긴 하지만 이 이론으로는 설명될 수 없다는 점이다." Bertrand Russell, "The Monistic Theory of Truth," reprinted in his *Philosophical Essays* (London: George Allen &Unwin, 1966), p. 136.

19 그러므로 매우 실제적인 의미에서, 우리는 철학자들이 고심하는 명제에 대해 존재론적으로 부담스러운 것을 거론하지 않을 수 없다. 우리는 어떤 믿음은 정합적이고 어떤 믿음은 그렇지 않다는 것이 참이라고 주장하는 것이 무엇이지 말해야 하기 때문이다. 그러나 이것은 다음 기회로 넘기자.

결론

1 이것은 George Lakoff, Whose *Freedom? The Battle over America's Most Important Idea* (New York: Farrar, Straus &

Giroux, 2006)의 주제이다. 예컨대 p. 15를 보라.

2 예컨대 Michael Savage의 매력적인 제목의 책, *Liberalism Is a Mental Disorder: Savage Solutions* (Nashville: Thomas Nelson, 2005)를 보라.

옮긴이 해제

내가 학자들에게 연구비를 지급하는 공공 기관에 근무한다고 해보자. 두 연구 과제 중 하나를 선정해야 하는데, 한 과제는 인간은 진화에 의해서 현재의 모습을 하고 있다는 가설을 기반으로 하고 있고, 다른 과제는 인간은 신에 의해 창조되었다는 가설을 기반으로 하고 있다. 나는 어떤 과제에 연구비를 주어야 할까? 연구비를 지급하는 기관이 돈지가나 교회와 같은 사설 단체가 만든 곳이라면 어느 쪽을 선정해도 상관없지만 공적인 세금으로 연구비가 지급된다면 선정 이유가 공정해야 하고 많은 사람들을 납득할 수 있어야 할 것이다.

두 가지 가설 중 어느 쪽이 생물학적 사실이나 역사적 사실에 부합하는지는 과학자들이 할 일이다. 여기서는 두 '연구자'들이 지식을 얻는 방법에 관심을 가져보자. 진화론 진영은 관찰과 실험이라는 과학적 방법을 따르고 있다. 자신의 가설이 관찰과 실험을 통해 나온 증거에 부합한다면 받아들이고, 그렇지 않으면 버린다. 반면에 창조론 진영은 성경에 쓰여 있느냐가 자신의 가설을 지지하는 근거가 된다. 성경에, 인간은 신에 의해 신의 모습대로 창조되었다고 쓰여 있으므로 자신의 가설은 옳다고 생각하는 것이다.

진화론과 창조론 주창자들은 이렇게 자신들의 주장을 검증하는 방법에서부터 근본적으로 차이를 보인다. 철학자들은 이러한 방법을 '인식적 원리'라고 일컫는다. 어떤 행동이 도덕적인지를 알기 위해서는 그것을 말해주는 도덕적 원리가 있어야 하는 것처럼 어떤 믿음이 합리적인지 알기 위해서는 그것을 말해주는 인식적 원리가 있어야 한다. 진화론자들은 관찰과 실험, 그리고 거기에 덧붙여 귀납과 연역 같은 추론 방법을 인식적 원리로서 채택하고 있는 데 반해, 창조론자들에게는 '성경을 찾아보라'는 것이 인식적 원리가 되는 것이다. 과학자들이 채택한 인식적 원리는 간단하게 말해서 이성적 방법이라고 말할 수 있겠다. 어떤 믿음이 합리적인지 알기 위해서는 '이유'('이성'과 같은 말)를 제시하는 활동에 의존해야 한다고 주장하기 때문이다.

사실 진화론과 창조론의 싸움은 그동안 남의 나라 문제라고만 생각되었지만 최근에 우리나라에서도 논란이 되었다. 교과서진화론개정추진위원회라는 곳에서 시조새의 진화 사례를 교과서에서 삭제해달라고 교육과학기술부에 청원을 냈고, 교과부는 그 내용을 출판사에 전달했다. 이에 출판사는 관련 내용을 수정 또는 삭제하겠다는 태도를 보였고, 이런 과정이 《네이처》에 한국 정부가 창조론자에게 굴복했다는 내용으로 보도되어 논란을 불러일으켰다.

그리스도교의 전통이 오래되지 않고, 적어도 과학적 사고에 대해서는 나름대로 합리적인 전통에 서 있던 우리나라에 비해 서구에서는 비이성적인 방법을 믿는 인구가 많은 편이다. 위에서 말한 창조론은 물론이거니와 과학적으로 설명되지 않는 현상을 많이 믿는다. 2008년의 갤럽 조사에 따르면, 미국 사람 중에서 신이 인간을 현재의 모습대로 창조했다고 믿는 사람은 44퍼센트에 이른다. 그리고 2005년 조사에서는 점성술은 25퍼센트, 귀신은 32퍼센트, 육감은 47퍼센트가 믿고 있다. 그래서 반사적으로 그런 비과학적인 또는 비이성적인 방법을 우려하고 경계하는 도서들도 많이 나오고 있다. 우리나라에서도 널리 알려진 리처드 도킨스의 《만들어진 신》도 그런 종류의 책이다. 그 외 우리말로 번역된 책들 중 대표적인 것 몇 권만 뽑아보더라도, 마틴 가드너의 《아담과 이브에게는 배꼽이 있었을까》, 마이클 셔머의 《사람들은 왜 이상한 것을 믿는가?》, 토머스 키다의 《생각의 오류》, 톰 길로비치의 《인간, 그 속기 쉬운 동물》, 튜어트 서더랜드의 《비합리성의 심리학》, 찰스원과 아서 위긴스의 《사이비 사이언스》, 배리 글래스너의 《공포의 문화 : 우리는 왜 근거 없는 두려움을 안고 살아가는가?》, 칼 세이건의 《악령이 출몰하는 세상》 등이 있다. 나도 개인적으로 합리적인 또는 비판적인 사고의 교육에 관심이 많아서 최근에 나온 스티븐로의 《왜 똑똑한 사람들이 헛소리를 믿게 될까》의 추천사를 쓰기도 했고, 우리나라에서 흔히 볼 수 있는 비과학적 사고를 중심으로 《나는 합리적인 사람》이라는 책을 직접 쓰기도 했다.

그런데 이런 책들은 이성적인 방법이 비이성적인 방법보다 더 신뢰성이 있다고 당연히 전제하고, 비이성적인 사고들을 실제로 보여주거나 비이성적인 방법들이 얼마나 어리석은지, 그리고 그렇게 어리석은 믿음들을 왜 사람들이 믿게 되는지를 설명하는 방식을 택하고 있다. 대부분의 학자들은 이성적인 방법과 비이성적인 방법 중에서 이성적 방법의 손을 들어주고 있다. 그래서 비이성적인 사고가 사회에 창궐하는 것에, 특히나 교과서에 창조론이 개입하는 것에 대해서 개탄을 금치 못하는 것이다.

그러나 실제로 이성적 방법을 믿으며 이용하는 과학자들, 그리고 일반인들은 그 방법이 당연하게 옳다고 생각하면서도 왜 옳은지에 대해서는 생각해보지 않는다. 그런 점에 대해 고민해보는 이들은 모든 것을 의심해보는 철학자들이다. 이들은 꼭 이성적 방법을 부정해서가 아니라 그 방법의 토대를 더 굳건히 하려는 의도에서 그 방법이 왜 믿을 만한지 묻는데, 이것이 이성에 대한 회의론의 전통이다. 그런데 이 회의론에 따르면 이성적 방법을 합리적으로 옹호할 방법이 없다. 왜 이성적 방법을 믿어야 하는지 묻는다면 우리는 또다시 이성적 방법으로 대답할 수밖에 없다. 이성적 방법을 믿는 이유를 이성적 방법으로 대답하는 것은 순환 논증으로서, 신뢰를 보낼 수 있는 방법이 아니기 때문이다. 사실 창조론이 의존하는 비이성적 방법이야말로 순환 논증의 대표적인 사례다. 거기서는 자신이 믿음을 믿는 이유로서 성경에 그렇게 나와 있다는 것을 든다. 그런데 성경에 나와 있기 때문에 그 믿음을 믿을 수 있다는 것을 어떻게 아냐고 다시 묻는다면 교회가 또는 신의 계시가 그렇게 가르쳐주었다고 대답할 텐데, 성경이나 다름없는 그런 것에 또다시 의존하는 것은 순환적인 증명 방법이기 때문이다.

우리는 과학적인 방법이 다른 방법에 비해 훨씬 신뢰성이 있다고 생각하고 있으며, 그런 점에서 일선 학교의 교과서에서 종교적인 방법에 의존해 과학 이론을 공격하는 것에 분노를 금치 못한다. 그러나 방금 살펴본 것처럼 신뢰성의 근거를 파헤쳐보니 과학적인 방법이나 다른 방법이나 모두 신뢰를 보낼 수 없는 방법이라는 점에서 똑같다. 그렇다면 왜 과학적인 방법에 대해 더 신뢰를 보내야 하는가? 아무리 공적인 연구 기관이라 하더라도 과학적인 방법을 사용하지 않는 연구라고 해서 배제해야 할 이유가 뭐가 있는가? 미국의 일부 주에서처럼, 그리고 최근의 우리나라 사태에서처럼, 교과서에서 진화론과 창조론을 똑같이 싣는다고 문제 될 것이 있는가? 이성의 방법을 믿어야 하는 이유를 제시하지 못한다면 이런 의문들이 제기될 수밖에 없다.

마이클 린치의 《이성 예찬》은 이러한 배경에서 이성적인 방법을 믿어야 하는 이유를 제시하는 책이다. 이성적 방법의 튼튼한 신뢰를 제공하지 못한다면 방금 말한 것처럼 과학과 종교의 대결에서 과학의 손을 들어줘야 할 이유가 없다. 꼭 학문적인 영역이 아니더라도 이성의 쓰임새는 중요한데 민주적인 담화의 영역이 그런 곳이다. 우리는 정치나 사회 문제를 토론할 때 이성이 설득의 기준이 되어야 한다고 생각한다. 이성, 다시 말해서 적절한 이유를 제기하고 수용하는 과정을 통해 토론이 진행되어야지, 위협이 무서워서 또는 권위에 눌려 상대방의 말을 수용하는 것은 민주적인 토론이 아니라고 생각한다. 이성은 토론뿐만 아니라 정치에서 가장 중요한 행위라고 할 수 있는 지지 후보 선택의 규범이 되기도 한다. 우리는 대통령 후보나 국회의원 후보를 선택할 때 이성에 기반하는 지지 이유를 제시해야지, 그냥 마음에 든다거나 외모가 마음에 든다거나 고향이 같다거나 등과 같은 비이성적 이유를 제시하는 것은 올바른 정치 참여 행동이 아니라고 생각한다. 린치가 자주 인용하는 것처럼 민주주의의 공적 담론에서 이성은 이렇게 '공통의 화폐' 역할을 하는 것이다. 그렇지만 이성이 다른 방법에 비해 특별한 신뢰를 얻지 못한다면 민주주의의 발전에도 심각한 걸림돌이 될 수밖에 없다. 위협이나 권위를 사용해 상대방을 설득하는 사람을 비난할 수 없기 때문이다. 정치 행위에서 이성보다 감성이나 직관이 득세할 때 어떤 무시무시한 결과가 생기는지 우리는 잘 알고 있다. 대학살, 테러, 전쟁 등은 이성적인 사고가 맥을 추지 못할 때 생기는 결과다.

위에서 말했듯 이성적 방법을 신뢰할 인식적인 이유가 없기 때문에, 다시 말해 이성을 이용해서 이성을 옹호할 수 없기 때문에 린치는 다른 방법을 이용해 이성적 방법의 신뢰성을 보여준다. 다름 아닌 실용적인 이유를 제시하는 방법을 쓴다. 그는 이를 위해 존 롤스가 《정의론》에서 이용한 사고 실험을 빌린다. 롤스는 정의의 원칙을 선택하기 위해서는 우리의 사회적 지위를 전혀 모르는 무지의 베일 뒤에서 결정해야 한다고 주장했다. 그런 원초적 입장에서 선택한 정의의 원칙은 특정한 개인의 편견이 개입되지 않은 공정한 원칙이므로 합리적인 모든 사람들이라면 받아들일 것이라고 생각했다. 린치는 마찬가지로 지구와 비슷한 가상의 평행 지구를 상상한 다음, 어떤 믿음의 방법과 근원이 가장 신뢰성이 있는지 모르는 상태에서 인식적 원칙을 선택해야 한다고 말한다. 그래야 특정 방법에 대한 편견 없이 공정한 방법으로 가장 적절한 인식적 원칙을 선택할 수 있을 것이기 때문이다. 그는 이것을 '방법 게임'이라고 일컫는데, 그는 사람들이 반복 가능하고, 적응성이 있고, 상호 주관적이고, 투명한 특성을 갖는 인식적 원칙을 선택할 것이라고 추측한다. 그런데 과학적인 방법, 곧 관찰과 실험, 그리고 귀납과 연역이라는 추론을 주요 방법으로 삼는 이성적 방법은 이러한 특성을 갖고 있는 데 비해 성경에 의존하는 방법은 그런 특성을 가지고 있지 못하다. 따라서 우리는 이성적 방법을 선택해야 하는 실천적인 이유를 확보하게 되는 것이다.

마이클 린치는 미국 코네티컷대학교의 철학 교수다. 주로 형이상학, 인식론 영역의 주제를 연구하고 있다. 이 책이 다루는 이성과 진리라는 주제도 형이상학과 인식론의 오랜 주지지만, 위에서 말했듯 민주주의의 성립과 실현에 주는 정치철학적인 함의도 상당하다. 린치 교수는 2012년 5월 우리나라를 방문해 이 책의 주제인 이성에 관해서 몇 번에 걸쳐 강연하기도 했다.

이 책을 번역하며 가장 신경이 쓰였던 것은 이 책의 제목이기도 하고 핵심 주제이기도 한 reason이라는 단어였다. 기본적으로 '이성'이라고 번역되지만 우리말에서는 '이유'라고 번역되는 경우도 많기 때문이다. 이성의 활동 중에서 가장 중요한 것은 이유를 제시하는 것이고 추론하는 것인데 '이성'이나 '이유'나 영어로는 모두 reason이다(추론은 reasoning이다). 그리고 이성을 가지고 있다는 것을 뜻하는 형용사 '합리적'도 reason에서 파생된 rational이다. 영어로는 모두 한 단어이거나 그 단어의 파생어임을 쉽게 알 수 있는 단어인데, 우리말로는 '이성', '이유', '추론', '합리적'으로 사뭇 다르게 번역되어 같은 단어임을 파악하기 어렵다. 어쩔 수 없이 이 해제와 옮긴이 주에 이러한 사정을 밝히고, 필요한 경우에는 '이성' 또는 '이유'를 괄호 속에 병기하는 방법을 택했다. 이 점을 이해하고 읽어주었으면 하는 바람이다.

과학과 반대되는 방법론이야 버려야 할 미신이지만 감

정은 이성과 함께 우리 삶에서 반드시 필요하다. 하지만 감정은 이성과 달리 우리가 훈련하지 않아도 선천적으로 가지고 있고 적극 활용되는 정신 능력이다. 이 책의 필자가 이성의 중요성을 강조하고 역설하는 데는 감정이 중요하지 않아서가 아니라 의식적인 노력과 주의가 있지 않고서는 감정에 비해 이성이 실현되기가 어렵기 때문이다. 이성이 실현되지 않는다면 위에서 말한 것처럼 우리 사회의 민주주의와 평화에 심각한 위험을 초래한다. 그런 점에서 이성의 중요성은, 영어식 표현을 빌려 말하자면, 아무리 강조해도 지나치지 않다. 이 책이 이성의 중요성을 깨닫는 데 조금이나마 도움이 되었으면 하는 바람이다.

  이 책은 서울대학교 강진호 교수의 추천으로 번역하게 되었다. 강 교수는 추천뿐만 아니라 번역에서도 많은 도움을 주었는데 이 기회를 빌려 감사드린다. 아울러 이 책의 참된 가치를 알아보고 출간을 맡은 진성북스의 안목에도 갈채를 보낸다.

최훈

찾아보기

가정주의 159-162
감정 49-95
    감정에 대한 플라톤의 그림 48-59
    감정에 대한 흄의 그림 59-67
    기본 감정 64, 283 주13
    합리적 평가에 종속된 감정 63-67
객관성
    이성(이유)의 객관성 195-197
    진리의 객관성 243, 249-252
공약 불가능성, 인식적 127-131
공적 이성 ☞ 이성, 공적; 공통의 관점
공통의 관점 34, 126, 185, 210, 280 주9
과학
    과학과 인문학 240-241
    과학의 상호 주관성 189-190
    과학의 원리 185-197 (☞ 좁은 의미의 과학)
    과학의 유용성 181-182
    과학의 투명성 190-191
    자기 수정과 과학 189

다마지오, 앤토니오(Antonio Damasio) 54-56

데카르트, 르네(René Descartes) 108-113, 117-118, 287 주8
    코그니티오와 시엔티아 117

라이트, 크립슨(Cripson Wright) 246, 264, 296 주24, 299 주9, 306 주14
러셀(Bertrand Russell) 307 주18
로티, 리처드(Richard Rorty) 144, 242-247, 248, 250-253, 258, 264-267
롤스, 존(John Rawls) 35, 203-204, 223, 280 주11
리드, 토머스(Thomas Reid) 156-158, 161-164

매킨타이어, 알래스데어(Alsdair MacIntyre) 138-139, 145
몽테뉴, 미셸 드(Michel de Montaigne) 105-106, 126, 287 주10

반 틸, 코르넬리우스(Van Til, Cornelius) 159
방법 게임 198-219, 220-237
    방법 게임과 롤스의 원초적 입장 203, 223
방법 24, 108, 120, 192-197, 211-214 (☞ 인식적 원리; 적응 가능한 과학의 원리)
    기본적 방법 193
    방법의 반복 가능성 192, 212
    적응 가능한 방법 213

버크, 에드먼드(Edmund Burke) 141
벌린스키, 데이비드(David Berlinski) 170-172
불일치, 인식적 106, 123-128, 180
  인식적 불일치 vs 동료 불일치 291 주23
브랜덤(Brandom, Robert) 242
블랙번, 사이먼 Blackburn, Simon 255, 280 주9, 284 주16
비트겐슈타인, 루드비히
(Ludwig Wittgenstein) 134, 146-148

상식 ☞ 리드
섹스투스 엠피리쿠스(Sextus Empiricus) 98-102, 105-106, 113, 116-117
셀라스, 윌프리드 Wilfrid Sellars 243, 262
수용 175-179, 180-184, 299 주7
  수용과 인식적 원리들 179-184, 196 199-211
  수용 vs. 믿음 176, 236, 299 주8
스노, C. P.(C. P. Snow) 240
신뢰, 인식적 231
  인식적 신뢰로부터의 논증 231-237
실재론 242
실천적 가치 209-213
실천적 이유 178-182

아그리파의 '트릴레마' 99-100

알스턴, 윌리엄(William P. Alston) 288 주14, 289 주15, 295 주20, 299 주10, 302 주22
애리얼리, 댄(Dan Ariely) 53, 283 주6
예의 35-36
오크쇼트, 마이클(Michael Oakeshott) 38, 140, 143, 145
웨스틴, 드류(Drew Westen) 44-46, 51, 80-82, 91
웨이크필드, 앤터니(Anthony Wakefield) 185-187
이성(이유) 24, 124-131
  객관적 이성(이유) 195-197
  공적 이성(☞ 이성과 공통의 관점)
  실천적 가치의 이성(☞ 실천적 가치)
  실천적 이성 178-182
  이성과 공통의 관점 34, 126-127, 184, 210
  이유 제시 125, 129
이성(이유), 좁은 의미의 24, 177, 279 주6
이성(이유)에 대한 회의론 22-27,
  근원 22-29
  이성에 대한 회의론과 공약 불가능성 126-131
  이성에 대한 회의론 옹호 논증 126-128
  이성에 대한 회의론 vs. 지식에 대한 회의론 116-118, 290 주21
인문학 241, 268-271

인식적 불일치 ☞ 불일치, 인식적
인식적 수용 ☞ 수용; 인식적 원리
인식적 순환 112, 120, 126, 288 주14
인식적 원리 32, 113, 154-165, 177-181, 198-219
   공개된 인식적 원리 184, 195, 211
   근본적인 인식적 원리 120-121, ,200
   기본 유형 208, 214
   상대적 인식적 원리 121, 202
   인식적 원리의 변화 129-130
   인식적 원리에 대한 불일치 (☞ 불일치, 인식적; 공약 불가능성, 인식적)
   인식적 원리의 공약 불가능성 (☞ 공약 불가능성, 인식적)
   인식적 원리의 불가결성 72-165
   확장된 기본 유형 215-216
인식적 차등 원리 216
인종 차별 88-90

전통 144-153
제임스, 윌리엄(William James) 171
종교 28, 159-162, 193-194, 221-222
직관 68-78, 136
   합리적 평가에 종속된 직관 75-77
진리 242-271
   상응 257, 260
   정합성(☞ 초정합)

진리에 대한 다원주의 258
진리와 표상 255-256
축소주의 259-260, 305 주10
탐구의 목표로서의 진리 248-254
합치 269-271

창조론 20, 121
초정합성 265-267

칸트, 임마누엘(Immanuel Kant) 69
코헨, 조녀선 L. (L. Jonathan Cohen) 299 주7
코헨, 조수아(Joshua Cohen) 35, 280 주10
콰인, W. V. O.(W. V. O. Quine) 84
콰인-뒤엠 가설 84-88
쿤, 토머스(Thomas Kuhn) 85, 127, 137, 143, 244
클리퍼드(W. K. Clifford) 168-179

토도로프, 알렉산더(Alexander Todorov) 42, 93, 281 주1
퍼스, C. S.(C. S. Peirce) 264
퍼트넘(Hilary Putnam) 246, 264
포스트모더니즘 27-28, 240-242
폴 보고시언(Paul Boghossian) 279 주8, 290 주20, 295 주20
푸코(Michael Foucault) 244

퓨어스타인, 마이클(Michael Fuerstein) 14, 232, 303 주25
프라이스(Huw Price) 246
프레임(John Frame) 159-160
플라톤 48-53

하버마스, 위르겐(Jürgen Habermas) 35
하이트, 조너선(Jonathan Haidt) 77, 87, 91-92, 282 주3
합리성 ☞ 좁은 의미의 이성, 이성
합치 269-271
햄프턴, 진(Jean Hampton) 35
호빙, 토머스(Thomas Hoving) 71
흄, 데이비드(Hume, David) 35, 59-67, 113-116, 126, 154-155 (☞ 감정에 대한 흄의 그림)
 "공통의 관점" (☞ 공통의 관점)
 자연스러운 본능과 흄 155, 215

Bennett, Jonathan 283 주10
Bloom, Paul 282 주3
Brooks, David 282 주3
Christensen, David 291 주23
Cohen, Rachel 280 주9
De Sousa, Ronald 284 주15
Ekman, P. 283 주13
Elgin, Catherine 284 주14

Feldman, Richard 307 주23
Fumerton, Richard 290 주21
Gaus, Gerald 280 주21
Greenough, Patrick 284 주17
Hales, Steven 287 주10, 289 주18, 293 주9
Hermann, Eberhard 302 주19
Kelly, Thomas 291 주23
Kitcher, Philip 301 주14
Kornblith, Hilary 301 주17
Lehrer, Jonah 282 주3
Longino, Helen 300 주12, 301 주15
Nagel, Thomas 290 주19
Polyani, M. 285 주21, 288 주11,
Popkin, Richard 286 주1, 286 주2, 286 주5
Pritchard, Duncan 290 주20, 290 주21, 293 주10
Quillian, Lincoln 286 주30
Reed, Baron 290 주21
Sosa, David 284 주15
Sosa, Ernest 283 주11, 288 주13, 291 주21
Stroud, Barry 290 주21
Talisse, Robert 281 주13
Williams, Michael 293 주10

마이클 린치 교수의 명강의
이성예찬

초판 1쇄 인쇄 2013년 5월 15일
초판 1쇄 발행 2013년 5월 20일

지은이 **마이클 린치**
옮긴이 **최훈**
펴낸이 **박상진**

편집주간 **이광옥**
편집 **김보라** 경영관리 **박찬동**
마케팅 **권태형**
디자인 **오마이북스**

펴낸곳 **진성북스**
출판등록 2011년 9월 23일
주소 서울시 강남구 대치동 944-25번지 진성빌딩 10층
전화 02)3542-7762 팩스 02)3542-7761
홈페이지 www.jinsungbooks.com

ISBN 978-89-97743-05-6 13190

* 본서의 내용을 무단 복제하는 것은 저작권법에 의해 금지되어 있습니다.
* 파본이나 잘못된 책은 교환하여 드립니다.